# ZARATHOUSTRA ET SA RELIGION

MICHAEL STAUSBERG

# ZARATHOUSTRA ET SA RELIGION

*Traduit de l'allemand par Laurent Cantagrel*

Deuxième tirage

PARIS

LES BELLES LETTRES

2026

*Titre original :*
Zarathustra und Seine Religion

*Société d'édition Les Belles Lettres*
*95, boulevard Raspail, 75006 Paris*
*www.lesbelleslettres.com*

*ISBN : 978-2-251-45265-4*

# Remarque préliminaire

Les extraits de l'Avesta cités dans cet ouvrage le sont dans la traduction de Pierre Lecoq (références en bibliographie), adaptée le cas échéant à l'interprétation qu'en donne Michael Stausberg.

Abréviations des noms de textes avestiques : Y, *Yasna* ; Yt, *Yasht* ; V, *Vidēvdād*.

## Premières approches

Pour le grand public, le nom de Zarathoustra évoque surtout le livre de Friedrich Nietzsche, *Ainsi parlait Zarathoustra*, dont la première partie a été publiée en 1883. Dans ce « livre pour tous et pour personne », Nietzsche rapporte les propos d'un personnage nommé Zarathoustra – ce nom, dit-il, lui est « à la fois cher et pesant » –, qui proclame, entre autres idées, la mort de Dieu et les doctrines souvent mal comprises du surhomme et du « grand midi ». On y lit notamment :

> Beaucoup de pays vit Zarathoustra, et beaucoup de peuples ; ainsi découvrit-il ce que sont bien et mal pour beaucoup de peuples. Zarathoustra trouva que nulle puissance sur Terre n'était plus grande que bien et mal.

On ne sait toujours pas exactement d'où est venue à Nietzsche l'idée d'appeler « Zarathoustra » ce héraut solitaire de la vérité. Dans une de ses dernières œuvres, *Ecce homo* (1889), il nous donne cependant un indice : Zarathoustra aurait été, selon lui, le premier à « voir dans la lutte du bien et du mal le véritable rouage dans le moteur des choses». Dans le combat nietzschéen contre la tyrannie de la morale, Zarathoustra le Perse, ce penseur qui avait eu plus de véracité et de courage que tout autre, était la figure qui se prêtait le mieux pour dénoncer cette «erreur fatale».

Le Zarathoustra de Nietzsche doit ainsi être compris comme un portrait littéraire et philosophique incarnant une alternative orientale diamétralement opposée à la pensée occidentale, aux grands penseurs européens que furent Socrate, Platon, Jésus, Paul, Descartes et Kant. Avec *Ainsi parlait Zarathoustra*, Nietzsche inventait non seulement un nouveau maître à penser, mais aussi une nouvelle façon d'écrire la philosophie qui allait inspirer de nombreux épigones.

Nous retrouverons au cours de ce livre certains des grands problèmes soulevés par Nietzsche : la relation entre le bien et le mal, la morale et la métaphysique, la vérité et le courage. Ce n'est pourtant pas du Zarathoustra nietzschéen qu'il va être question dans les pages qui suivent, mais de la religion orientale toujours vivante qui reconnaît en Zarathoustra son «fondateur», son «prophète» ou son «réformateur». Cela implique notamment d'aborder la question très controversée du Zarathoustra «historique».

À en juger en termes purement quantitatifs, cette religion, qui compte quelque cent trente mille adeptes disséminés dans le monde entier, ne mériterait guère qu'on s'y attarde. Mais elle est aussi considérée comme l'une des plus anciennes religions du monde et mentionnée à ce titre dans presque tous les ouvrages généraux d'histoire des religions. Depuis le XVIII^e^ siècle, la religion de Zarathoustra est l'un des objets de recherche classiques des historiens des religions. Pour construire son personnage, le professeur Nietzsche pouvait déjà s'appuyer sur maints travaux d'érudits. Mais il s'inscrivait aussi dans une tradition européenne fort ancienne dans laquelle la figure de Zarathoustra (appelé le plus souvent Zoroastre, son nom gréco-latin) avait été chargée par l'imaginaire culturel, en bien comme en mal, d'attributs chimériques : on voyait en lui l'inventeur, entre autres, de la magie et des arts libéraux, un roi et un chef de guerre de la plus haute antiquité, un astrologue et un alchimiste, un double de Moïse ou d'Abraham, ou encore un ancien maître de sagesse, un philosophe doublé d'un théologien…

La religion qui nous intéresse ici se voit souvent qualifiée, à tort ou à raison, de première des « religions prophétiques ». D'après les documents écrits, le dieu que Zarathoustra invoquait et interrogeait avant tout autre s'appelle Ahura Mazdâ (« Maître sage » ou « Maître de sagesse »). C'est le dieu qui a créé ou mis en ordre tout ce qui est bon et le protège. Plusieurs rois de l'ancienne Perse ont fait graver des inscriptions dans lesquelles ils évoquent l'intervention du dieu Ahura Mazdâ. Aussi cette religion est-elle appelée, dans certains documents très anciens, la « religion des adorateurs de Mazdâ » ou encore la « bonne » religion « adorant Mazdâ ». Dans les noms plus récents qu'on lui donne, c'est néanmoins la référence à Zarathoustra qui domine : la religion des adorateurs de Mazdâ est la religion de Zarathoustra ou, d'après son nom gréco-latin, le zoroastrisme[1]. Les adorateurs de Mazdâ sont donc les adeptes de Zarathoustra ou les zoroastriens.

En Inde, les zoroastriens sont connus sous le nom de « parsis ». Cette désignation renvoie à leur communauté ethnique d'origine : les parsis sont venus d'Iran (de Perse) s'installer sur la côte ouest de l'Inde en plusieurs vagues

1. Elle est néanmoins parfois désignée en français par le terme de mazdéisme (NdT).

après la conquête de leur patrie par les troupes arabes au VIIe siècle de notre ère, sans doute parce qu'ils ne voulaient pas vivre sous la domination musulmane. La chute du royaume iranien des Sassanides a en effet été le point de départ de l'islamisation du pays, toujours plus irréversible au fil des siècles et qui devait s'achever au plus tard au XIe siècle. Autrefois majoritaires, les adorateurs de Mazdâ se sont ainsi retrouvés en Iran dans la situation d'une minorité religieuse, périodiquement victime de violentes discriminations. Le souvenir des humiliations qu'eurent à subir de nombreux zoroastriens est aujourd'hui encore un élément constitutif de l'identité collective des zoroastriens iraniens. En Inde, les parsis ont pu s'établir durablement dans quelques secteurs de la société, en général sans être inquiétés et avec un assez grand succès – même sous la domination islamique, et plus encore pendant la période coloniale britannique, qui est considérée dans leur mémoire culturelle comme l'âge d'or, pour ainsi dire, de l'ascension des parsis.

## La diffusion du zoroastrisme à l'époque actuelle

À la fin du XIXe siècle ne vivaient plus qu'à peine dix mille zoroastriens en Iran. En Inde, ils étaient environ cent mille, mais ce nombre a diminué depuis le milieu du XXe siècle et se situe désormais en dessous de soixante mille. La plupart d'entre eux vivent dans l'immense ville de Mumbai (Bombay), où ils se regroupent souvent dans certains quartiers. Le livre de Rohinton Mistry, *Les Beaux Jours de Firozsha Baag*, donne une description haute en couleurs de la vie d'un quartier dont la plupart des habitants sont des parsis.

Les principales raisons de cette baisse dramatique du nombre des zoroastriens dans ces pays (la chute est particulièrement forte en Inde) sont, d'une part, leur émigration vers les pays occidentaux et, de l'autre, le recul des naissances dû à des mariages peu nombreux et souvent tardifs ainsi qu'aux couples ayant peu d'enfants. Ce sont là des conséquences des profonds changements dans les mentalités et les styles de vie qu'a provoqués la modernisation sociale. Cette évolution révèle aussi le contraste entre les préceptes religieux traditionnels et la pratique sociale, car tous les textes religieux sans exception enjoignent d'engendrer de nombreux enfants – un impératif que même les « pieux » zoroastriens ne respectent manifestement plus de nos jours dans la conduite de leur vie.

Une raison supplémentaire de cette chute démographique des zoroastriens en Inde est le nombre croissant de mariages avec des personnes d'autres religions, dits « mariages mixtes », en particulier ces dernières années. Les répercussions sur le nombre de zoroastriens sont directes, car le principe veut que les enfants de femmes dont l'époux a une autre croyance religieuse ne soient pas acceptés dans la communauté religieuse zoroastrienne. Au point de vue du clergé, généralement conservateur, cette exclusion est un impératif religieux intangible, et c'est également l'opinion défendue par les institutions sociales faisant autorité. Des voix s'élèvent régulièrement pour demander un assouplissement de cette règle, mais on en est encore loin. Il y a là comme un cercle vicieux, car plus les communautés rapetissent, moins il est vraisemblable de voir se produire des mariages entre coreligionnaires.

Depuis la fin du XVIII^e^ siècle, de nombreux zoroastriens iraniens ont émigré en Inde, où ils ont formé des groupes particuliers dans l'orbite des communautés parsies existantes.

Ceux qu'on appelait les « iranis » entretenaient leurs propres réseaux sociaux (notamment par les unions matrimoniales), leurs traditions culturelles (habitudes alimentaires, dialectes, poésie, etc.) ainsi que certaines pratiques rituelles, parfois adoptées ensuite par les parsis.

En Iran, on a assisté à une recrudescence quantitative des zoroastriens au cours du XX$^{e}$ siècle. Pour les années 1970, les chiffres mentionnés vont de vingt-cinq à trente mille personnes, dont la plupart vivent à Téhéran, la capitale moderne du pays. Mais la révolution dite islamique a ensuite entraîné un exode spectaculaire vers l'Amérique du Nord, l'Europe et l'Australie. Et cette tendance à l'émigration se maintient, surtout chez les hommes jeunes, même plus de quarante ans après la fondation de la République islamique d'Iran. Outre les motifs politiques, cet exode est surtout provoqué par un sentiment de frustration face au climat d'ensemble, social, économique et culturel. L'émigration iranienne semble néanmoins avoir été compensée au moins partiellement par la croissance démographique. Mais au Pakistan (qui a fait sécession de l'Inde en 1947) et au Sri Lanka, où des parsis s'étaient installés à partir du XIX$^{e}$ siècle, le déclin démographique des zoroastriens depuis plusieurs dizaines d'années en est arrivé au point où la survie des communautés paraît menacée. Ce phénomène s'explique par des motifs économiques et politiques (ou de politique religieuse), mais aussi, et de façon déterminante, par les facteurs sociaux caractéristiques des parsis mentionnés ci-dessus (mariages peu nombreux et tardifs, faible natalité, etc.).

Fondées elles aussi au XIX$^{e}$ siècle par des émigrants venus d'Inde, les petites communautés d'Arabie (Aden) et d'Afrique du Sud et de l'Est (Tanzanie, Zanzibar, Kenya, Ouganda) n'existent plus qu'en partie de nos jours, dans le meilleur des cas. La plupart des communautés chinoises du sud (Canton, Macao, Shanghai) appartiennent aussi au passé, à une importante exception près : la petite communauté de Hong Kong semble être à peu près stable et économiquement prospère. Un autre petit groupe de zoroastriens vit par ailleurs à Singapour.

Au XIXe siècle, des parsis sont partis s'installer en Angleterre, où ils ont fini par constituer une communauté religieuse à Londres. La capitale britannique est aujourd'hui l'un des principaux lieux d'implantation du zoroastrisme dans le monde, avec au moins cinq mille zoroastriens, et sans doute nettement plus, sans compter ceux qui vivent dans d'autres régions du Royaume-Uni. Des regroupements moins importants se sont également formés dans le reste de l'Europe, par exemple à Göteborg, Hambourg et Paris, où ce sont surtout des zoroastriens d'origine iranienne qui jouent un rôle actif.

Londres est également le siège de l'Organisation zoroastrienne mondiale (World Zoroastrian Organization, WZO), fondée en 1980, mais que toutes les associations locales ne reconnaissent pas comme un organisme représentatif. Ses programmes d'action caritative sont un des incontestables points forts de cette organisation. En 2005, des milieux conservateurs de Mumbai ont fondé l'Alliance mondiale des zoroastriens parsis et iraniens (World Alliance of Parsi and Irani Zartoshtis, WAPIZ), qui est avant tout une organisation de défense et d'illustration de l'identité ethnique des parsis en Inde.

Les principaux endroits où se sont installés des zoroastriens à l'époque moderne, que ce soit sur le sous-continent indien, en Asie, en Afrique ou en Europe, correspondent en grande partie à l'expansion de l'empire colonial britannique, à tel point que certaines communautés ont disparu à la suite de la décolonisation. Une nouvelle phase de développement a commencé lorsque des zoroastriens de plus en plus nombreux sont partis vivre en Amérique du Nord à partir des années 1960. Au fil du temps, des communautés importantes se sont ainsi établies au Canada et aux États-Unis, qui continuent d'attirer des immigrants en provenance d'Inde, d'Iran et du Pakistan. Avec sensiblement plus de dix mille zoroastriens et de nombreuses communautés ou organisations dynamiques et innovantes, l'Amérique du Nord figure aujourd'hui parmi les principaux centres d'implantation de la religion de Zarathoustra dans le monde. Par ailleurs, des groupes jeunes et en forte croissance d'environ deux mille zoroastriens se sont formés en Australie et dernièrement en Nouvelle-Zélande.

## Réseaux intercontinentaux et mouvements mondiaux

Ce rapide aperçu de l'expansion mondiale de cette petite religion ne doit pas conduire à considérer les différentes communautés zoroastriennes comme des groupes isolés et repliés sur eux-mêmes. Non seulement de nombreux zoroastriens vivent dans les grands carrefours de la modernité mondialisée, à Mumbai, Londres, Los Angeles, Chicago, Hong Kong ou Sydney, mais presque toutes les familles ont des parents résidant dans d'autres parties du monde, que ce soit de façon permanente ou temporaire, dans la « diaspora de travail », comme à Dubaï, où vivent près d'un millier de zoroastriens.

Qui plus est, les zoroastriens cultivent d'intenses relations entre eux : les moyens de transport et de communication modernes ont favorisé l'émergence de réseaux intercontinentaux de parents et d'amis, dont témoignent des listes de diffusion et la tenue régulière de congrès internationaux

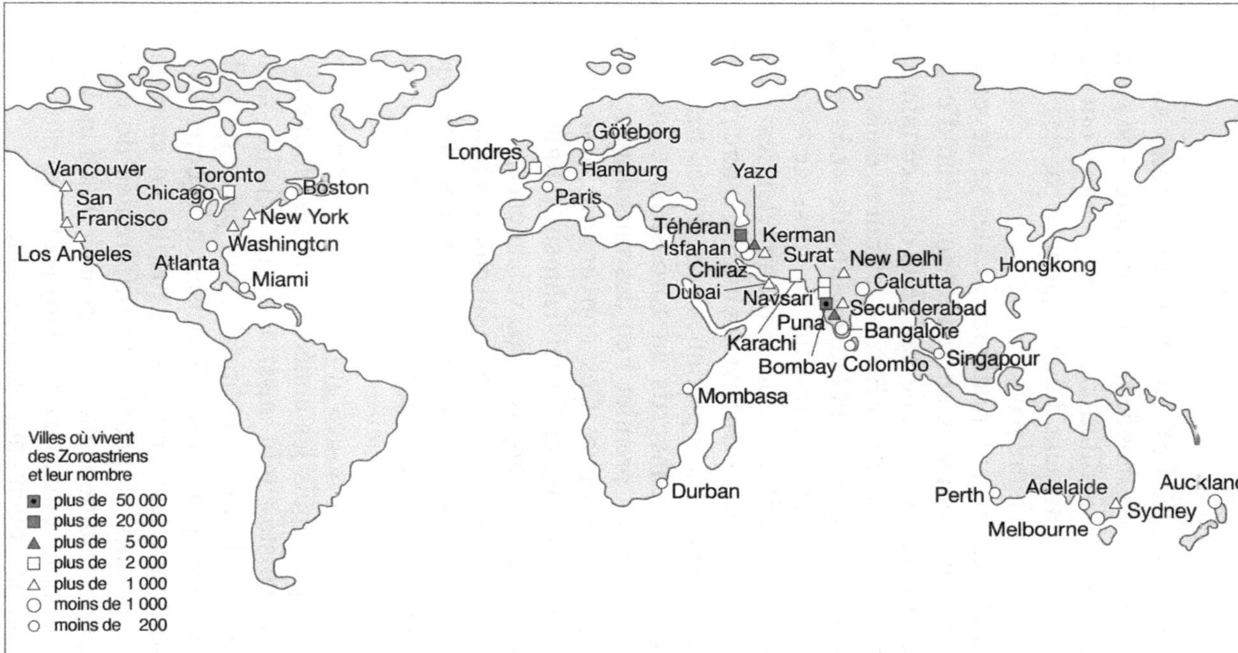
Vancouver
San Francisco
Los Angeles
Chicago
Toronto
Boston
New York
Washingtcn
Atlanta
Miami
Londres
Göteborg
Hamburg
Paris
Téhéran
Isfahan
Yazd
Kerman
Chiraz
Dubai
Surat
Navsari
Karachi
Puna
Bombay
New Delhi
Calcutta
Secunderabad
Bangalore
Colombo
Hongkong
Singapour
Mombasa
Durban
Perth
Adelaide
Melbourne
Sydney
Auckland
Villes où vivent des Zoroastriens et leur nombre
plus de 50 000
plus de 20 000
plus de 5 000
plus de 2 000
plus de 1 000
moins de 1 000
moins de 200

de zoroastriens. Les communautés locales sont souvent liées au reste du monde par leur histoire – ne serait-ce que parce que des institutions sociales locales ont parfois été fondées et continuent d'être soutenues par des bienfaiteurs vivant dans un autre pays.

Parallèlement aux pratiques locales se développent des mouvements religieux internationaux. L'un d'eux, actif en Amérique et en Australie ainsi que dans certaines communautés plus anciennes d'Europe, d'Iran et, dans une certaine mesure, d'Inde, pourrait être qualifié de « néo-zoroastrien » parce que, affirmant revenir au message « originel » de Zarathoustra, il cherche à renouveler les conceptions religieuses, à créer de nouvelles infrastructures et à éradiquer certains aspects des pratiques religieuses traditionnelles. De nombreux convertis au zoroastrisme ont rejoint ce mouvement, en premier lieu des musulmans iraniens ou d'origine iranienne. Ces conversions sont légalement interdites en Iran, et l'establishment religieux d'Inde ou d'autres pays s'y oppose avec véhémence. C'est pour cette raison, entre autres, que le mouvement « néo-zoroastrien », qui semble avoir récemment pris pied en Amérique latine, mène une existence indépendante à côté des institutions zoroastriennes officielles.

En réaction à ces groupes « néo-zoroastriens » se développe depuis les années 1980 un mouvement « néo-traditionaliste » tout aussi actif à l'échelle mondiale. Je le qualifie de « néo-traditionaliste » parce qu'il défend de nombreuses pratiques religieuses qu'il considère comme « traditionnelles », mais qu'il justifie en empruntant des voies parfois étonnamment différentes de celles de la religion « traditionnelle ». La peur de l'action des démons, par exemple, omniprésente dans les textes plus anciens, ne joue ici pratiquement plus aucun rôle.

## « Zoroastriens anonymes » ?

Il faut se garder de ramener le monde iranien, berceau de la religion de Zarathoustra, aux frontières politiques de l'Iran d'aujourd'hui. Pendant de longues périodes de l'histoire, la Mésopotamie, par exemple, c'est-à-dire l'Irak actuel, a appartenu à l'Iran. Même les Kurdes du nord-ouest parlent des langues iraniennes, et leurs cultures peuvent à bien des égards être qualifiées de cultures « iraniennes ».

De même, on peut considérer que de nombreuses régions limitrophes de l'Iran actuel au nord-est et s'étendant ensuite le long de la route de la soie jusqu'en Asie centrale font aussi partie du monde iranien aux points de vue des langues et de l'histoire culturelle – de l'Afghanistan jusqu'à l'Ouzbékistan et au Tadjikistan. Cet axe culturel allant de l'Asie mineure à la Chine occidentale marque également l'horizon géographique dans lequel s'est développée la religion de Zarathoustra avant l'hégémonie de l'islam.

De nos jours, presque tous les habitants de ces vastes contrées sont musulmans. Cet état de fait n'a pas empêché voyageurs et chercheurs de relever depuis longtemps dans les mythes, les légendes et les pratiques rituelles de plusieurs peuples d'Asie centrale des éléments qui présentent un caractère « zoroastrien » plus ou moins prononcé. Indépendamment de l'intérêt qu'ont ces formes religieuses pour les ethnologues et les spécialistes des religions, les parentés décelées ont acquis au cours de l'histoire récente une signification nouvelle. Car après l'effondrement de l'Union soviétique, l'héritage zoroastrien est devenu pour certains groupes sociaux une intéressante alternative religieuse et idéologique à l'islam – locale, pacifique et non imposée. Ainsi ont été créées dans quelques républiques d'Asie centrale des organisations culturelles zoroastriennes qui enseignent les langues vieil-iraniennes et accomplissent parfois des rituels zoroastriens. Cela a permis à ceux qui le souhaitaient d'être initiés à la religion de Zarathoustra. Ces efforts sont soutenus par des zoroastriens et des organisations zoroastriennes, mais d'autres les considèrent avec une certaine méfiance, voire les rejettent. En Inde précisément, on se montre très prudent quand il est question de reconnaître ces revendications identitaires zoroastriennes.

## Que sont censés croire les zoroastriens ?

Quand on entend parler pour la première fois d'une religion, on souhaite généralement savoir ce que ses adeptes « croient réellement ». C'est une question parfaitement légitime, mais qui n'est pas aussi innocente qu'il n'y paraît : elle présuppose en effet une conception « chrétienne » de la religion comme étant une question de croyance – or c'est là une approche qui n'est pas pertinente pour nombre de religions. Aussi ce livre tentera-t-il d'esquisser une image plus complexe de la religion de Zarathoustra.

Pour en savoir plus sur les « croyances » réelles des zoroastriens, une démarche possible est d'interroger les « croyants » eux-mêmes. On pourra ainsi esquisser des profils individuels, comme l'a fait Philip Kreyenbroek dans une étude importante, par exemple sous forme d'histoires de vie, ou encore, comme l'a fait John Hinnells, mener des enquêtes statistiques (« 54 % des zoroastriens de Houston croient en l'immortalité de l'âme, et 48 % d'entre eux croient en la réincarnation » ; à Sydney, ces chiffres sont respectivement de 69 et 52 %, etc.).

Les théologiens zoroastriens attachaient bien sûr une grande importance à la « croyance juste ». Aussi se sont-ils efforcés d'en formuler des définitions claires, par exemple en rédigeant des textes didactiques ou des catéchismes, comme le texte en moyen perse connu sous le titre de *Sélection de préceptes des anciens sages* (ces « anciens sages », qui restent anonymes, sont considérés comme des figures d'autorité, normatives et rhétoriques). Suivant une forme littéraire fréquente dans l'Antiquité tardive, ce texte se présente comme une série de questions auxquelles chaque croyant âgé de quinze ans devait être capable de répondre en apprenant par cœur les réponses que formule le texte. Examinons de plus près certaines de ces vingt-deux questions.

Les cinq premières sont les suivantes :

> Qui suis-je ? À qui est-ce que j'appartiens ? D'où est-ce que je viens ? Où vais-je retourner ? De quelle lignée suis-je et quelle est mon origine ?

Les réponses renvoient à la condition de l'être humain telle que la définit la religion :

> Je viens de l'invisible-spirituel et ne suis pas né du visible-matériel. J'ai été créé et n'ai pas (toujours) existé. J'appartiens à Ohrmazd[1], pas à Ahriman. C'est aux dieux que j'appartiens, pas à Ahriman. C'est au bien que j'appartiens, pas au mal. Je suis un homme, pas un démon.

1. Ohrmazd est le nom d'Ahura Mazdâ en moyen perse. Les noms de la plupart des figures divines présentent ainsi deux variantes, une en avestique et l'autre en moyen perse (NdT).

Dans la suite du texte, l'identité est définie en termes de lignée et d'appartenance familiale. Il ne s'agit cependant pas de la lignée et de la famille au sens physique, mais de l'origine mythique et divine des êtres humains en général :

> Ma lignée et mon origine viennent de Gayōmard [l'homme originel de la Création]. Ma mère est Spandarmad [ou Spentā Ārmaiti, une figure divine ou déesse], mon père est Ohrmazd. Ma nature humaine vient de Mahre et Mahriyane, les premiers descendants de Gayōmard.

Les deux questions suivantes concernent les tâches que l'être humain doit réaliser dans ce monde – la sphère visible-matérielle – et la récompense qu'il peut attendre de l'accomplissement de ses devoirs dans l'au-delà – la sphère invisible-spirituelle. Dans la réponse, l'auteur, qui était très certainement un homme, voire un prêtre, mentionne en premier lieu des actes spirituels et religieux :

> Penser à Ohrmazd – qu'il est, qu'il a toujours été, qu'il sera toujours, et qu'il est le seigneur immortel, illimité et pur ; et penser à Ahriman – qu'il n'est pas, qu'il sera anéanti.

Vient ensuite une série de devoirs à remplir ici-bas : d'abord la pratique religieuse, puis les devoirs du mariage et de la procréation, déjà évoqués, et, en troisième lieu, l'obligation de cultiver la terre – l'agriculture est donc une forme d'activité économique sanctionnée par la religion – et l'exhortation à bien traiter le bétail. Après quoi, l'auteur expose comment il faut diviser la journée : un tiers du temps doit être consacré à l'instruction religieuse (ce qui est probablement resté le vœu pieux d'un théologien), un tiers à l'agriculture et le dernier tiers à la nourriture, au divertissement et au repos.

Un autre élément fondamental de ce catéchisme est l'interdiction de douter – par exemple de douter du fait que les actions vertueuses seront récompensées, ou de douter qu'il n'existe qu'une seule voie religieuse, faite de bonnes pensées, de bonnes paroles et de bonnes actions, de lumière, de pureté et de l'infini d'Ohrmazd.

Il ne faut pas non plus douter qu'il existe deux principes : le premier est Ohrmazd, qui a tout créé et est à l'origine de tout ce qui est bien et lumineux ; le deuxième principe est Ahriman, l'Esprit Fétide, le destructeur, associé au mal et à la mort.

Le texte énumère de nombreux autres devoirs et préceptes pratiques qu'il serait trop long de mentionner ici. Vers la fin est énoncée une fois de plus la supériorité de l'âme sur le corps et de la sphère d'existence invisible-spirituelle sur la sphère visible-matérielle.

Cette attribution de valeurs opposées ne se retrouve pas dans tous les textes religieux – ni même de manière constante dans les écrits en moyen perse (appelé aussi pehlevi). Comme tout document historique, ce catéchisme procède à une certaine sélection dans le répertoire historiquement variable des motifs et des thèmes que l'on rencontre dans les traditions de la religion de Zarathoustra. Le choix des motifs et les valeurs qui leur sont attribuées varient d'un texte à l'autre : la *Sélection de préceptes des anciens sages* néglige certains thèmes pour s'attarder plus à loisir sur d'autres, comme la doctrine des deux principes fondamentaux, le fameux « dualisme » zoroastrien.

Cette notion de « dualisme » est devenue de nos jours l'objet de bien des controverses. Bien qu'on ne dispose d'aucune enquête statistique à ce sujet, il est néanmoins probable que la plupart des zoroastriens ne considèrent pas leur religion comme un « dualisme » mais comme un « monothéisme ». En conséquence, on ne retrouve plus guère dans les documents modernes et contemporains cette opposition que formulait la *Sélection de préceptes des anciens sages* entre Ahura Mazdâ (ou Ohrmazd) et son adversaire, l'Esprit Fétide (ou Ahriman). Ce n'est que le mouvement « néo-traditionaliste » mentionné ci-dessus (voir p. 16) qui a réintroduit le dualisme comme une notion religieuse fondamentale.

Or pour les spécialistes occidentaux des religions – et pour Nietzsche –, la doctrine cohérente des deux principes antagonistes était peut-être justement l'aspect le plus intéressant de la religion de Zarathoustra. Car ce dualisme est avant tout le fondement d'une attitude morale. La profession de foi en faveur d'Ahura Mazdâ signifie *ipso facto* le rejet de l'Esprit Fétide, qui s'efforce de prendre possession des êtres humains sous forme de désir, de fureur, de concupiscence ou de cupidité. Adorer Ahura Mazdâ implique de s'engager en faveur des « bonnes pensées, bonnes paroles et bonnes actions » – cette « triade du Bien » que l'on trouve inscrite sur la façade des temples zoroastriens et qui est presque considérée aujourd'hui comme la devise de la religion de Zarathoustra.

Si le dualisme zoroastrien a suscité l'intérêt des penseurs occidentaux, c'est aussi parce qu'il paraît offrir une solution fascinante autant qu'insondable à un problème théologique et philosophique fondamental : poser l'existence d'un sombre protagoniste du mal opposé au lumineux créateur du bien est une façon d'offrir une « explication » cohérente de la souffrance des justes et de l'existence du mal en général, problèmes insolubles que doivent affronter toutes les théologies monothéistes. Dans leurs discussions avec le judaïsme et l'islam, les penseurs zoroastriens ont souligné mainte fois que l'on attribuerait un défaut à Dieu si on le rendait indirectement « responsable » de l'existence du mal – ce qui est précisément le cas, disent-ils, si l'on ne fait pas intervenir un principe du mal indépendant. Mais inversement, l'existence d'un deuxième principe ne représente-t-elle pas une restriction inadmissible de la toute-puissance, de l'omniprésence et de l'unicité de Dieu ?

Les questions abstraites de ce genre semblent néanmoins ne préoccuper que fort peu la plupart des zoroastriens. Les personnes qui s'intéressent à cette religion se plaignent d'ailleurs régulièrement du faible niveau d'éducation religieuse de nombreux zoroastriens par rapport au niveau général, social et culturel, de leurs communautés. Si cette impression est fondée – bien qu'il n'y ait aucune enquête statistique à ce sujet –, cette situation pourrait tenir au fait que les compétences théologiques ne font guère partie (du moins de nos jours) de la formation et du profil professionnel de ces spécialistes de la religion que sont les prêtres zoroastriens. Croyances et doctrines n'ont sans doute pas autant d'importance pour beaucoup de gens que nous pourrions le supposer – et cela vaut même pour les prêtres.

Il n'existe pas non plus chez les zoroastriens d'organisme ou d'institution qui aurait le pouvoir d'imposer de façon générale quelque chose comme une « orthodoxie ». Les instances qui font autorité sont les fondations, qui disposent de l'infrastructure religieuse (voir ci-dessous p. 110 *sq.*), et les conseils des communautés, établis depuis le XVIII^e siècle et largement dominés par les élites sociales.

En Inde et dans les pays occidentaux, de nombreux zoroastriens croient par exemple à la réincarnation, que des intellectuels influents (et la plupart des spécialistes occidentaux) considèrent comme une croyance « non zoroastrienne ». Et l'on observe des syncrétismes encore plus frappants : ainsi, au début du XIXe siècle, alors que la Société théosophique avait commencé à conquérir une certaine audience, il s'est développé chez les zoroastriens indiens un mouvement ésotérique indépendant (Ilm-e-Khshnoom), qui soumettait à une réinterprétation la plupart des éléments du discours religieux traditionnel en s'efforçant de les étayer. Fait remarquable, cette orientation a trouvé un soutien en Inde précisément chez les personnes qui se considèrent comme des « croyants orthodoxes » et qui défendent sur la plupart des sujets des opinions extrêmement conservatrices.

Les « croyances » des zoroastriens se révèlent ainsi variables historiquement, socialement aussi bien qu'individuellement, mais en fin de compte, elles n'ont sans doute pas une importance primordiale pour l'identité des zoroastriens (même si la situation à cet égard semble être en train de changer dans la diaspora). Celle-ci est plutôt déterminée par des pratiques rituelles et des facteurs sociaux, culturels et ethniques – notamment les relations de parenté, les codifications juridiques (le droit privé), les souvenirs collectifs et la culture mémorielle, certaines conceptions historiques, des traditions et des systèmes de datation, des figures mythiques, légendaires, historiques et vivantes (héros et héroïnes), une fierté suscitée par les réalisations économiques, sociales et culturelles de certaines familles et de certains individus – les personnalités parsies les plus connues dans le monde entier sont probablement Freddy Mercury et Zubin Mehta –, des rituels et des fêtes, l'utilisation et la préservation d'institutions et d'espaces religieux et sociaux spécifiques, une terminologie religieuse commune, des dialectes communs, des plaisanteries, des habitudes alimentaires et vestimentaires, etc. Certains de ces éléments – eux aussi soumis à des variations historiques – seront examinés plus en détail dans ce petit livre, d'autres n'y seront qu'évoqués. Commençons par aborder le problème des origines du zoroastrisme, souvent discuté par les spécialistes – et revenons ainsi à Zarathoustra.

## Au commencement était Zarathoustra

C'est à Sils-Maria, dans les Alpes suisses, que Friedrich Nietzsche vit Zarathoustra pour la première fois. Il décrit cette rencontre dans un poème des *Chansons du prince Vogelfrei* :

> J'étais assis ici à attendre, à attendre, – sans rien attendre,
> Par-delà bien et mal, jouissant tantôt de la lumière,
> Tantôt de l'ombre, tout jeu seulement,
> Tout lac, tout midi, tout temps sans but.
> Et soudain, amie ! Un devint deux –
> Et Zarathoustra passa devant moi[1]…

*Ainsi parlait Zarathoustra* commence par une indication à caractère biographique : « Quand Zarathoustra eut trente ans, il quitta son pays et le lac de son pays, et s'en fut dans la montagne. » Est-ce vrai ? Où se trouvait le pays de Zarathoustra, quand a-t-il vécu et quel rôle joue le fait qu'il ait eu trente ans lorsqu'il « quitta son pays » ?

---

1. *Le Gai Savoir*, trad. Patrick Wotling, GF, 1997, p. 365.

Ces questions nous éloignent beaucoup de Sils-Maria, de l'Europe et des temps modernes. Mais il reste difficile d'oublier purement et simplement la mise en scène littéraire et philosophique formulée par Nietzsche ainsi que la fascination étrangement ambivalente dont Zarathoustra a toujours fait l'objet en Europe pour nous tourner exclusivement vers la « vérité historique », vers le Zarathoustra « authentique ». Car même les plus anciens textes sur Zarathoustra posent déjà des énigmes, et l'on ne peut tenter de les résoudre qu'en faisant appel à un imaginaire historique chargé de stéréotypes qui viennent souvent de cette vieille fascination européenne.

## Ce que nous apprend l'Antiquité grecque et iranienne sur l'époque où vécut Zarathoustra

Jetons un rapide coup d'œil aux sources. Dans les écrits de l'Antiquité grecque, la première mention de Zarathoustra – ou de Zoroastre – remonterait au v^e siècle avant notre ère : notre informateur, Xanthos de Lydie, dont les propos nous sont rapportés par Diogène Laërce au iii^e siècle de notre ère, affirme que Zoroastre le Perse aurait vécu six mille ans avant l'année où Xerxès, le très puissant roi de Perse, franchit l'Hellespont pour envahir la Grèce, en 480 avant notre ère. Or, cette première information donne d'emblée au personnage une dimension nettement mythique : la forme grecque de son nom, Zoroastre, évoque en effet l'idée de « pureté » et celle d'« astre », suscitant ainsi des associations astrologiques. Et même si on lit « six cents » ans au lieu de « six mille », comme le suggèrent certains manuscrits, la date mentionnée est bien antérieure à toutes les époques sur lesquelles nous disposons d'informations historiques fiables et rappelle bien plutôt les mythes des âges du monde. Cette information sur Zarathoustra et d'autres qui circulaient dans les écrits grecs et latins sont donc instructives au point de vue de l'histoire des religions, mais elles n'apportent aucune réponse sérieuse aux questions sur l'époque et le lieu où vivait Zarathoustra.

N'existe-t-il donc aucun document iranien ou même zoroastrien susceptible de nous être utile à ce sujet ? Si, mais il s'agit de textes beaucoup plus récents, dans lesquels les « faits » sont tous subordonnés à l'intention de construire une signification historique d'ensemble obéissant, entre autres, à des schémas astrologiques. Un document rédigé en moyen perse, par exemple, rapporte que Zarathoustra a propagé dans le monde la religion qui lui avait été révélée trois cents ans avant que l'Esprit Fétide ne lançât le maudit Alexandre (celui que nous appelons Alexandre le Grand) à la conquête de l'Iran (*Le Livre de Wirāz le Juste*, 1, 1-5). Un autre texte esquisse le récit suivant : Zarathoustra est apparu lorsque « le règne du Millénaire » (après neuf mille ans) est entré dans le signe du Capricorne. Le roi qui régnait alors a continué à régner pendant quatre-vingt-dix ans après que Zarathoustra eut reçu la révélation de sa religion. Quatre souverains se sont ensuite succédés pendant une durée totale de cent-soixante-huit ans jusqu'à Alexandre (*Bundahishn*, ou « récit de la première création », 36, 7-9). On pourrait donc en conclure que Zarathoustra a « reçu la religion » deux-cent-cinquante-huit ans avant le règne d'Alexandre le Grand. Ces « informations » seront reprises par quelques auteurs musulmans plus tardifs. Jointes à d'autres indices tirés des traditions grecque, juive et manichéenne, elles sont considérées jusque dans des ouvrages récents de spécialistes comme permettant de formuler des hypothèses sérieuses pour situer l'époque où vécut le Zarathoustra « historique ». C'est par exemple sur la base de ces documents que Gherardo Gnoli a récemment daté la vie de Zarathoustra des années 618 à 541 avant notre ère. Mais cette reconstruction est loin d'avoir fait l'unanimité, car même les déclarations apparemment « authentiques » et d'une précision frappante pourraient bien relever d'inventions historiques tardives, elles-mêmes influencées par la longue fascination exercée par Zarathoustra.

## Les textes les plus anciens

D'autres « faits » sont encore plus difficiles à évaluer. On rencontre ainsi le nom de « Zarathoustra » (en fait « Zarathushtra ») dans des textes très anciens, qui sont récités aujourd'hui encore par des prêtres et des laïcs zoroastriens lors de prières et de cérémonies. Ces textes rituels sont écrits dans une ancienne langue iranienne appelée l'avestique, et le recueil les contenant s'intitule l'Avesta. Afin de mettre par écrit ces textes qui n'avaient été transmis pendant très longtemps que sous forme orale, on a développé une écriture spéciale, sans doute entre le Ve et le VIIe siècle de notre ère. Qui plus est, ces écrits avestiques n'ont été intégralement publiés sous forme d'un unique livre qu'à l'époque moderne et par des érudits occidentaux : jusqu'alors, ils avaient été rassemblés en différents recueils de textes que l'on copiait en fonction d'exigences rituelles.

Nul ne sait avec certitude où et quand sont nés les textes avestiques. On suppose qu'une grande partie d'entre eux devait exister au plus tard vers le IIIe siècle avant notre ère, mais certains passages sont peut-être beaucoup plus anciens : ils comprennent des formules, des chants et des litanies qui se détachent d'un point de vue linguistique du reste du corpus avestique et auxquels les autres textes font souvent référence. Il s'agit notamment de certaines formules sacrées énigmatiques (les « mantras ») qui reviennent fréquemment dans les prières et les rituels, et que Zarathoustra (à en croire des textes ultérieurs) aurait été le premier à prononcer (Yt. 17, 18 ; 19, 81 ; Y. 9, 14) – il les aurait notamment utilisées pour chasser le Mauvais Esprit et les démons (V. 19, 1-3.9 ; Yt. 17, 20 ; Yt. 19, 81). Une autre de ces formules aurait été proclamée par Ahura Mazdâ lui-même avant d'avoir créé les éléments cosmiques (Y. 19, 1-4).

Dans la disposition traditionnelle de ces textes dans l'Avesta, les formules sacrées encadrent deux textes un peu plus longs : une litanie d'adoration, placée au centre du recueil, et cinq chants, les Gâthâs, qui sont particulièrement importants pour notre propos, car on y rencontre à plusieurs reprises un personnage nommé Zarathoustra, qui joue un rôle essentiel. La plupart des spécialistes supposent même que c'est Zarathoustra en personne qui prend la parole dans ces textes, parlant parfois de lui-même à la troisième personne, comme le font les poètes védiques. Les Gâthâs nous transmettraient ainsi les paroles du « prophète » : le « noyau originel » de la religion et de la personnalité de Zarathoustra serait-il donc à chercher dans ces chants ?

Il y a beaucoup d'arguments en faveur de cette façon de procéder, et la référence aux Gâthâs est au cœur de la plupart des présentations modernes de la religion de Zarathoustra – notamment de celles que rédigent les zoroastriens eux-mêmes. Mais il ne faut pas oublier que ces textes sont écrits dans une langue tellement complexe que l'analyse linguistique, la traduction et l'interprétation de la plupart d'entre eux font toujours l'objet de controverses incessantes entre les philologues.

Étant donné que traducteurs et interprètes sont confrontés d'emblée à des difficultés linguistiques presque insurmontables, il est essentiel de savoir en fonction de quels schémas interprétatifs, de quelles hypothèses de base et de quels éléments de comparaison dans l'histoire des religions on aborde ces textes afin de les faire parler, pour ainsi dire. Il y a différents façons de procéder.

Si l'on considère les Gâthâs comme la source originelle et le point de départ d'une longue tradition religieuse, on est tenté de les lire à la lumière de leurs interprétations ultérieures. Cette démarche a comme inconvénient que l'on projette ainsi souvent dans ces textes des idées tirées de développements théologiques plus tardifs. Ce faisant, on imagine une tradition ininterrompue (comme le fait par exemple Mary Boyce), qui naît pour ainsi dire des paroles mêmes de Zarathoustra, le grand « prophète », le « réformateur » et le « fondateur » – en soulignant qu'il fut le seul « prophète » à avoir été également prêtre.

Une tout autre façon d'interpréter ces textes poétiques que sont les Gâthâs est de les lire à la lumière d'une comparaison systématique avec d'autres textes qui leur sont linguistiquement apparentés : les chants rituels védiques d'Inde, plus anciens et sensiblement plus longs. Sans même parler de la langue et de certaines formulations, des éléments de ressemblance avec les Gâthâs sautent en effet aux yeux, qui concernent notamment les formes poétiques de composition et les structures thématiques. Dans les deux cas, par exemple, le poète se présente comme celui qui chante les louanges du dieu (ici, Ahura Mazdâ) et fustige les forces du mal et des ténèbres. La combinaison de ces deux aspects donne aux Gâthâs un caractère singulièrement combatif. Dans cette perspective, Zarathoustra n'apparaît plus comme le « fondateur de la religion » mais comme un « sacrificateur », un prêtre préposé aux sacrifices, et les Gâthâs ne sont pas la proclamation d'un « message religieux » mais plutôt une sorte de « poésie sacrificielle » mystique. Selon cette interprétation (défendue par Prods Oktor Skjærvø), le « sacrificateur » peut contribuer par sa poésie à la recréation de l'ordre cosmique lumineux.

Ainsi lues, les Gâthâs semblent n'être qu'un simple appendice de l'histoire religieuse védique, ce qui ôte de leur intérêt aux développements ultérieurs de la religion de Zarathoustra : ils ne sont plus dignes d'attention que dans la mesure où l'on peut y discerner des prolongements de schémas plus anciens. Ce modèle d'interprétation en clef « védique » est donc, à certains égards, presque aussi statique que l'hypothèse concurrente d'une anticipation des développements ultérieurs dans l'action du « prêtre-prophète ».

La comparaison avec les textes védiques de l'Inde fait néanmoins ressortir aussi quelques traits spécifiques, comme le nom et la fonction du dieu Ahura Mazdâ. Malgré le consensus implicite des spécialistes sur cette question, on peut se demander si ces particularités sont à comprendre comme des réformes ou des innovations qui aurait été apportées dans un second temps à une ancienne religion indoeuropéenne – ou si des mutations profondes mais très différentes ne se seraient pas plutôt produites en Inde et en Iran à partir d'idées antérieures. Cela irait contre l'hypothèse d'une évolution linéaire toute tracée menant des anciens Vedas aux traditions plus tardives en passant par les Gâthâs et Zarathoustra. Mais même cette interprétation ne conduit pas nécessairement à supposer, comme on l'a fait par le passé, que toutes les « innovations » seraient à attribuer au « génie » religieux du seul Zarathoustra : on pourrait tout aussi bien avoir ici un reflet de développements antérieurs des mentalités religieuses, comme le suggère Jean Kellens. Dans le portrait de Zarathoustra en héros de l'histoire universelle viennent parfois se mêler de façon originale la poétique religieuse d'une part et, de l'autre, la vieille fascination déjà évoquée des interprètes pour cette figure mythique.

## Survol de la première Gâthâ

Les difficultés linguistiques mentionnées ci-dessus interdisent à elles seules de proposer une sorte de résumé rapide des Gâthâs. Même en jetant un simple coup d'œil à ces textes, on sera surpris de constater que leur contenu a relativement peu à voir avec les déclarations idéologiques que l'on rencontre dans une grande partie des ouvrages qui leur sont consacrés. À titre de compromis entre fidélité au texte et tentative de synthèse, parcourons rapidement au moins le premier (et le plus long) de ces hymnes, la première Gâthâ, composée de sept sections ou chapitres (*haiti*).

Commençons par une indication stylistique : les Gâthâs sont parfois rédigées au singulier et parfois au pluriel. Au début, le chantre (Zarathoustra ?) se présente au Maître Sage (Ahura Mazdâ), dont il implore l'aide (Y. 28, 1) :

> Les mains tendues, dans le respect pour lui (qui me soutient), d'abord, ô (Maître) Sage, je demande à tous (les dieux), l'état de l'Esprit Bienfaisant, qui donne la vie par la vérité (Asha)…

La première partie de cet hymne est centrée sur une prière adressée au Maître Sage pour qu'il vienne avec la « Bonne Pensée » dispenser le don de longue vie et apporter un puissant soutien « à nous ainsi qu'à Zarathoustra », afin que « nous puissions vaincre les inimitiés de l'ennemi » (Y. 28, 6). Nous avons là un exemple du « dualisme » prononcé des Gâthâs : Zarathoustra, avec l'aide du Maître Sage, de la Bonne Pensée et d'autres divinités, agit avec « nous » contre « eux » – le Mauvais Esprit et les démons.

Dans la deuxième section, qui thématise peut-être la mise en œuvre du processus rituel, « l'âme de la vache[1] » prend la parole (Y. 29, 1) :

> Pour qui m'avez-vous composée ? Qui m'a façonnée ?
> La fureur et l'oppression [...] me gardent captive,
> Je n'ai point de pasteur en dehors de vous : agissez donc envers moi en bon berger.

Une fois que les divinités se sont consultées à ce sujet, le texte évoque Zarathoustra, le seul qui a entendu « nos enseignements » et auquel revient donc la tâche d'entonner des chants de louange (Y. 29, 8). La section se conclut sur la prière au Maître Sage de bien vouloir « descendre vers nous » (Y. 29, 11).

Au début de la troisième section, le chantre (Zarathoustra ?) annonce qu'il va exposer des idées importantes à ceux qui s'approchent (les protagonistes divins) (Y. 30, 1). Il proclame alors qu'il existe deux esprits primordiaux, deux rêves jumeaux, deux (formes de) pensées, paroles et actions, les bonnes et les mauvaises, entre lesquelles les êtres bienfaisants savent choisir, mais pas les malfaisants (Y. 30, 3). Du choc de ces deux esprits résultent (pour ceux qui sont

1. On a avancé diverses interprétations métaphoriques de la « vache » ou de « l'âme de la vache » : le monde, le bien, les bons animaux, l'âme de l'animal sacrificiel abattu ou du bovin originel mythique, etc.

concernés) la vie et la non-vie, les partisans du mensonge recevant en lot la pire des existences, les protagonistes de l'ordre ou vérité (cosmique), la Meilleure Pensée (Y. 30, 4). Tous ceux qui servent le Maître Sage par leurs actions (rituelles ?) choisissent l'ordre ou la vérité (cosmique) (Y. 30, 5). Mais les démons ne décident pas correctement entre les deux esprits, parce qu'un égarement s'empare d'eux si bien qu'ils choisissent la Très Mauvaise Pensée et s'unissent ainsi à la fureur, ce qui rend l'existence malade (Y. 30, 6). Cette section laisse prévoir que le mensonge sera livré aux mains de l'ordre ou vérité (cosmique) (Y. 30, 8) et qu'il « nous » incombera peut-être de rendre l'existence brillante (Y. 30, 9) – souhait dont l'accomplissement présuppose néanmoins que les mortels respectent les règles fixées par le Maître Sage (Y. 30, 11).

Ces sections de la première Gâthâ sont souvent interprétées comme une sorte de mythe fondateur de l'éthique zoroastrienne de la liberté de choix individuelle, volontiers mise en valeur comme étant la grande conquête de Zarathoustra dans l'histoire universelle. Mais il est douteux que l'on puisse ainsi projeter un individualisme moderne à l'époque de Zarathoustra.

La section suivante, plus longue, commence par un commentaire de ces règles que les « autres » ne connaissent pas (ne doivent pas connaître) (Y. 31, 1). Dans cette section, le chantre de la Gâthâ mentionne plusieurs idées sur la nature du Maître Sage, du tout premier, du « jeune originel », qui est considéré comme le « père » de la Bonne Pensée et celui qui a produit l'ordre ou la vérité (cosmique) (Y. 31, 8). (Le Maître Sage semble donc en position de supériorité par rapport à d'autres figures ou principes divins, dans le sens d'une théogonie ou d'une hiérarchie familiale patriarcale.) Il est ensuite déclaré que le pâtre est préféré au non-pâtre

(Y. 31, 10), après quoi le chantre (Zarathoustra ?) adresse une série de questions au Maître Sage.

La section suivante contient de nombreuses plaintes sur les démons (« semence de la Mauvaise Pensée ») et leurs acolytes (Y. 32).

Dans la section suivante, on loue de nouveau celui qui prend soin de la vache (Y. 33, 3) et le chantre s'efforce d'établir une communication (rituelle) avec le Maître Sage, qu'il désire voir et avec lequel il désire s'entretenir (Y. 33, 6). Il mentionne « les brillantes offrandes de l'hommage » (Y. 33, 7). La section se conclut par la déclaration que Zarathoustra (agissant apparemment ici comme le prêtre par excellence effectuant un rituel) apporte en offrande au Maître Sage, entre autres, « le souffle même de son propre corps » (Y. 33, 14).

Au début de la dernière section de cette première Gâthâ, les chantres (ici au pluriel !) offrent au Maître Sage de participer à l'acte, à la parole et à l'action par lesquels il reçoit l'immortalité et l'ordre ou la vérité (cosmique) ainsi que le pouvoir de l'intégrité (Y. 34, 1). Les chantres déclarent qu'ils donnent leurs troupeaux en offrande au Maître Sage et à l'ordre ou sagesse (cosmique) et les remettent en leur pouvoir (Y. 34, 3). Ils demandent au Maître Sage que son « feu puissant » (le soleil ?) apporte son secours à celui qui le soutient, et la désolation à son ennemi (Y. 34, 4). Pour finir, le chantre (à nouveau au singulier) s'enquiert des meilleures proclamations et des meilleures actions (Y. 34, 15).

Cette première Gâthâ est suivie d'une litanie de vénération en sept sections, puis des quatre autres Gâthâs. La Gâthâ que nous venons de résumer très grossièrement est récitée aujourd'hui encore dans différents contextes cérémoniels. Sa récitation par un prêtre est par exemple un élément constitutif d'une liturgie très développée, le Yasna (voir plus loin, p. 126 *sq.*) ; elle joue aussi un rôle bien défini dans les cérémonies funéraires, au cours desquelles elle est récitée peu avant les funérailles en présence des parents et amis ainsi que du défunt lui-même, exposé en un endroit isolé prévu pour l'occasion (voir plus loin, p. 147 *sq.*). Cette déclamation solennelle dure une quarantaine de minutes.

Revenons à notre question initiale : que nous apprennent les Gâthâs sur l'époque à laquelle a vécu Zarathoustra ? Si l'on suppose que ces hymnes sont les documents les plus anciens dans lesquels est évoqué le nom de Zarathoustra (en qui il faut peut-être voir l'auteur de ces chants), une analyse des Gâthâs devrait pouvoir nous fournir des informations sur l'époque de sa vie. Les éléments techniques, économiques et sociaux dont le texte des Gâthâs nous permet d'affirmer qu'ils existaient à l'époque de leur composition constituent autant d'indices nous autorisant à conclure que ces chants ont été écrits avant la formation des grands empires du Proche-Orient de l'Antiquité ou, en tout cas, en dehors de leur sphère d'influence. On s'est donc efforcé de mettre en relation les informations contenues dans ces textes avec les résultats de fouilles archéologiques comme celles du complexe bactro-margien. La proximité linguistique des Gâthâs avec les plus anciens des védas et la chronologie linguistique des écrits avestiques semblent elles aussi indiquer qu'elles remontent à une époque très reculée. Ces réflexions, et d'autres encore, induisent de nombreux spécialistes à supposer que Zarathoustra a vécu, sinon dès le milieu du deuxième millénaire avant notre ère, du moins entre environ 1000 et 800 avant notre ère. Cette datation reste hypothétique et controversée, et il faut se résigner à admettre que nous sommes encore dans l'obscurité sur ce point.

## Le pays de Zarathoustra

Que peut-on dire sur le pays de Zarathoustra ou sur celui des Gâthâs ? Cette question est hélas au moins aussi complexe que celle de l'époque où il vécut et où les Gâthâs furent composées, d'autant que toutes deux sont étroitement liées. Cela explique les divergences entre les réponses, ou plutôt entre les hypothèses formulées pour répondre à ces questions. Les contrées d'où Zarathoustra pourrait être originaire vont des steppes du sud de la Russie à diverses régions ou pays d'Asie centrale (Bactriane, Margiane ou Chorasmie, par exemple), en passant par l'est de l'Iran (Khorassan, Sistan) et en allant jusqu'au Caucase (Azerbaïdjan).

Le problème se complique du fait que, dès l'Antiquité, plusieurs régions espéraient apparemment acquérir un certain prestige politique et idéologique en affirmant être la patrie de Zarathoustra. On observe quelque chose de similaire à l'époque moderne : à partir du XIXe siècle, à l'époque de la formation des nations ou des États-nations, alors que chaque pays était à la recherche d'une « religion originelle » nationale, Zarathoustra a été revendiqué par différentes nations comme une sorte de héros culturel. Ce genre de tentatives est redevenu plus récemment d'actualité, avec la recherche d'alternatives idéologiques à l'islam dans les régions de l'ancienne Union soviétique, par exemple en Ouzbékistan et au Tadjikistan, mais aussi dans les milieux kurdes.

## Les biographies de Zarathoustra

Les Gâthâs ne donnent aucune information biographique sur Zarathoustra (si tant est qu'on puisse le considérer comme un personnage historique). Des textes plus tardifs, écrits en moyen perse et en persan moderne, n'en ont pas moins développé un récit biographique agrémenté de nombreuses descriptions de miracles, dans lequel sont d'abord rapportées les circonstances de l'assemblage des composantes spirituelles du héros et celles de sa naissance. Ce récit comprend notamment un épisode remarquable, que l'on retrouve dans la littérature européenne depuis Pline l'Ancien et saint Augustin : Zarathoustra aurait ri à l'instant même de sa naissance (le rire joue également un rôle chez Nietzsche : son Zarathoustra enseigne le « rire sacré », ce qui est à comprendre, entre autres, comme une critique du christianisme). Un texte en moyen perse interprète ce rire comme le signe qu'une divinité invisible-spirituelle, dispensatrice de joie, s'est alors mêlée à l'esprit de Zarathoustra (*Sélection de Zātspram*, 8, 14-15)[1].

Après les récits des miracles de son enfance, qui racontent principalement comment il s'est défendu contre les attaques des démons, les biographies de Zarathoustra se concentrent sur la période comprise entre sa trentième et sa quarantième année. Car c'est alors qu'il a eu des entretiens avec le Maître Sage et avec différentes divinités, ou, pour le dire dans les termes des théologiens zoroastriens, qu'il a « reçu la religion ».

Cette phase de sa vie a été suivie d'une période pendant laquelle il a proclamé la religion qui lui avait été révélée. Les textes rapportent comment Zarathoustra aurait réussi à convertir une personne haut placée (un « roi ») nommée

1. De manière générale, les théologiens zoroastriens apprécient beaucoup la joie. La contrition morose est considérée comme démoniaque. Si j'en crois ma propre expérience, on peut dire que de nombreux zoroastriens ont un sens très développé de l'humour et le goût des divertissements.

Vishtāspa grâce, entre autres, à un sermon, une joute argumentative et un miracle. Zarathoustra aurait vécu jusqu'à l'âge de 77 ans, avant de mourir assassiné. Les zoroastriens gardent en mémoire le jour de sa naissance et celui de sa mort.

## Aux origines du zoroastrisme : anciens adorateurs de Mazdâ ou paganisme pré-zoroastrien ?

Que disent les écrits zoroastriens sur les débuts de cette religion ? Les théologiens zoroastriens abordent bien sûr cette question autrement que les spécialistes modernes d'histoire des religions – à commencer par ce présupposé fondamental que, pour eux, Ahura Mazdâ (le Maître Sage), créateur ou formateur du monde, était présent dès l'origine des temps, ce qui signifie que la religion existe également depuis toujours. Certains textes tardifs, comme un récit historique de la fin du XVIIIe siècle, commencent ainsi par retracer les différentes étapes de la création du monde, puis en viennent sans transition aux révélations d'Ahura Mazdâ à Zarathoustra. D'autres textes, dont certains sont très anciens, mentionnent un certain nombre de personnages ayant vécu avant Zarathoustra, à commencer par Gaya Maretan (« vie mortelle »), l'homme primordial, appelé Gayōmard en moyen perse. Sont également évoqués différents souverains et héros culturels, dont parle le poète Ferdowsi avec une ampleur épique dans son *Shâhnâmeh* ou *Livre des rois* aux Xe-XIe siècles de notre ère, en s'appuyant le plus souvent sur des sources beaucoup plus anciennes.

Parmi ces personnages mythiques et légendaires figure Haoshyangha (Hushang en persan moderne), à qui l'on attribue la découverte du feu : lançant une pierre sur un serpent, il atteignit une autre pierre, faisant ainsi jaillir une étincelle. Un personnage essentiel de ces premières traditions est Yima (Jamshid en persan moderne), déjà mentionné dans les Gâthâs : associé à l'« âge d'or » ainsi qu'au premier péché – ou premier mensonge –, on lui attribue, entre autres, l'institution de la fête du Nouvel An.

Ces récits mentionnent un autre héros, Thraētaona (Feridun en persan moderne), qui a réussi à enchaîner le puissant dragon Dahāka (Zahāk en persan moderne). Cet épisode mythique reste dans la mémoire culturelle comme un événement fondamental de libération que l'on évoque quand on se trouve dans une situation d'oppression. Il existe également un ensemble de formules magiques attribuées à Feridun, à l'efficacité desquelles de nombreux zoroastriens (du moins en Inde) font encore confiance de nos jours pour résoudre divers problèmes.

Au « schéma du prophète », dans lequel Zarathoustra joue un rôle central, s'oppose donc le « schéma de la tradition », dans lequel il s'inscrit dans une longue lignée, qui s'étend du prototype de l'homme ou de l'homme originel (Gaya Maretan) jusqu'au héros lointain du futur, qui transfigurera le monde. Contrairement à ce que l'on pourrait supposer, Zarathoustra, placé au « milieu des temps », ne marque pas une césure radicale dans cette tradition linéaire esquissée par les textes. Alors que le « schéma du prophète » suggère que le roi Vishtāspa a été « converti » par Zarathoustra, le « schéma de la tradition » évoque plutôt un enrichissement, une concentration ou un approfondissement de pratiques religieuses plus anciennes, qui ne sont donc pas reléguées dans le domaine du « paganisme ».

Chacun de ces deux schémas historiques construit une certaine image de la religion de Zarathoustra, et chacune de ces conceptions répond de nos jours à certains types d'intérêts. Le schéma prophétique peut se rapporter à l'époque actuelle à peu près de la manière suivante : de même que Zarathoustra a rejeté le paganisme et la superstition de son temps, les zoroastriens d'aujourd'hui doivent eux aussi se détourner des anciens dieux et mener une vie morale et responsable, avec le soutien du Maître Sage (Ahura Mazdâ). Le schéma de la tradition est sans doute moins rigoureux sur un plan théologique, dans la mesure où il fait intervenir d'autres acteurs divins (parfois même des divinités plus anciennes, comme Mithra), mais il est beaucoup plus sélectif pour la question de l'appartenance : puisque Zarathoustra s'inscrit dans la lignée des héros de l'ancienne histoire iranienne, sa religion est réservée aux Iraniens de naissance, c'est-à-dire aux parsis et aux Iraniens restés fidèles à leur religion malgré toutes les difficultés et les persécutions.

## La religion et la guerre

Un texte vraisemblablement très ancien, écrit en moyen perse, le *Mémorial de Zarer*, qui rappelle de loin la *Chanson de Roland*, décrit les (prétendues) conséquences politiques de l'adoption par le roi Vishtāspa de la religion des adorateurs de Mazdâ. Ce poème héroïque raconte comment Arjasp, roi des Hyons, vient trouver Vishtāspa pour l'exhorter à abjurer cette innovation religieuse et à retourner à son ancienne foi. Vishtāspa rejette vigoureusement cette admonestation, quand bien même tous ses proches devraient le payer de leur vie. Une guerre s'ensuit, au cours de laquelle de nombreux fils de Vishtāspa trouvent la mort et le courageux chef Zarer est poignardé dans le dos par le sorcier Vidrafsh armé d'une épée ensorcelée.

Il est difficile de supposer que cette histoire renvoie à des événements qui se seraient réellement produits. L'histoire lointaine des changements de religion est presque impossible à reconstituer de manière fiable. La situation décrite ici est d'autant plus frappante qu'elle est difficilement conciliable avec les données historiques. On peut supposer que de nombreux rois de l'Iran ancien étaient attachés à la religion de Zarathoustra, et plusieurs d'entre eux ont laissé des témoignages de leur foi en Ahura Mazdâ, notamment par des inscriptions. Le grand roi achéménide Darius (qui a régné de 522 à 486), par exemple, attribuait ses succès politiques, entre autres, à la volonté ou à la grandeur d'Ahura Mazdâ. Les souverains espéraient sans doute accroître par des mesures rituelles leurs chances de succès dans leurs entreprises guerrières, et des idées religieuses peuvent aussi avoir servi à stimuler l'énergie guerrière des combattants. Mais une « guerre de religion » comme celle que décrit l'histoire de Zarer n'est historiquement attestée par aucune autre source de l'époque préislamique. La première de ces guerres allait être la dernière pour la Perse préislamique : sa conquête par les troupes arabo-musulmanes au VII^e^ siècle.

## Notions directrices et divinités

On compare volontiers les religions aux langues. Il ne faut pas abuser de cette comparaison, mais elle a son utilité. Langues et religions sont toutes deux, par exemple, « créatrices de mondes » : elles permettent à leurs « utilisateurs » de communiquer entre eux sur des « mondes » communs. Si les langues fournissent des structures fondamentales de communication, les religions font quelque chose d'analogue : car même si elles ne constituent sans doute pas des « visions du monde », leurs « jeux de langage » fondent des conceptions différentes du monde, de la vie et des façons d'agir.

Une caractéristique des « jeux de langage » religieux est qu'ils utilisent des notions qui modifient les catégories de pensée courantes en leur attribuant des propriétés inhabituelles. Il y est question, par exemple, de « personnes » agissant intentionnellement mais qui ne meurent jamais, qui peuvent se déplacer librement dans l'espace et le temps et accomplissent des actes remarquables (les « dieux »). À côté des dieux (comme Ahura Mazdâ) et de leurs attributs, régulièrement invoqués dans des contextes rituels (« Nous adorons Ahura Mazdâ, ordonnateur des mondes, nous adorons Mithra aux vastes pâturages... »), on rencontre dans la religion de Zarathoustra des « notions directrices » spécifiques qui sont parfois difficiles à situer pour nos habitudes de pensée, car elles ne relèvent pas vraiment de catégories comme celles de la « personne » ou de l'« attribut ». Nous allons présenter quelques-uns de ces « dieux » et de ces « notions directrices ».

Le « fonctionnement » des « jeux de langage » religieux requiert en outre des ensembles plus étendus, structurés de manière narrative : les « grands récits ». En font partie, par exemple, les récits de la création du monde ou ceux qui portent sur les époques les plus reculées de l'histoire, où ont pris forme les pratiques culturelles. Nous avons déjà évoqué les récits concernant Zarathoustra, Hushang, Feridun et Jamshid. D'autres histoires importantes pour la constitution de l'identité zoroastrienne racontent, par exemple, l'émigration des parsis en Inde ou bien tournent autour d'épisodes de persécution des zoroastriens en Iran islamique. D'autres récits encore portent sur l'avenir et laissent entrevoir des bouleversements fondamentaux.

Un autre trait comparable entre langues et religions est que toutes deux connaissent des mutations historiques : les langues évoluent, leurs règles et leur lexique font l'objet de réformes. Dans des cas extrêmes, les langues peuvent même disparaître – tout comme les religions, et la religion de Zarathoustra fait partie de celles qui sont menacées d'extinction si le nombre de ses adeptes continue de diminuer. Les changements que subit une langue peuvent prendre une telle ampleur au fil du temps qu'un état de langue plus ancien ne sera plus compris par les locuteurs actuels.

On observe des phénomènes analogues dans l'évolution des religions. Dans le cas de la religion de Zarathoustra, cela se traduit très concrètement par le fait que ses textes fondateurs ont été rédigés à différentes périodes de l'histoire des langues iraniennes. Ce constat est fondamental pour établir une première périodisation de l'histoire de la religion zoroastrienne. Si l'on suit la chronologie linguistique des écrits religieux primitifs, on obtient une succession d'étapes capitales : (a) les textes rituels de l'Avesta ; (b) les écrits en moyen perse (ou pehlevi), dont beaucoup avaient sans doute été déjà rédigés à l'époque préislamique, tandis que d'autres le furent seulement dans les siècles qui ont suivi la conquête arabe de l'Iran au VII^e siècle ; (c) les textes en persan moderne, parmi lesquels il faut distinguer à plusieurs égards les textes actuels en persan moderne des textes sacerdotaux plus anciens, rédigés jusqu'au XVIII^e siècle ; (d) en Inde enfin, cette tradition littéraire s'est perpétuée en gujarati, une langue de l'ouest de l'Inde dans laquelle les parsis ont développé un dialecte propre. Les textes zoroastriens en gujarati n'ont pas encore fait l'objet d'études systématiques, tandis que les textes iraniens, en fonction de la période à laquelle ils furent écrits, relèvent de plusieurs disciplines philologiques différentes qui ont souvent peu de contacts entre elles.

La liste présentée ici n'est pas purement cumulative : nombre de groupes de textes plus récents s'inspirent de sources anciennes, que ce soit par des traductions (de l'avestique vers le moyen perse et le sanskrit, du moyen perse vers le persan moderne, de l'avestique vers le gujarati, etc.) ou sous forme de commentaires et d'explications qui dégagent de nouvelles significations d'anciens textes de référence. Cette façon de produire du sens, déjà attestée dans les textes avestiques eux-mêmes, était autrefois l'apanage des autorités établies, car une « mauvaise » interprétation comporte immanquablement un danger d'« hérésie ».

## Asha

*Asha* est l'un des mots-clés des textes vieil-avestiques. La deuxième des trois formules sacrées, courtes et mystérieuses, omniprésentes dans les rituels zoroastriens, est intitulée « Ashem vohu ». La première ligne de cette prière de douze mots peut être traduite comme suit : « Asha est le meilleur bien ». Les philologues débattent encore du sens des deux lignes suivantes : ils sont arrivés à affiner leurs analyses, mais aucune version n'est parvenue à s'imposer. La dernière traduction de Helmut Humbach, en 2010, est la suivante : « Selon le souhait/gré sont les (choses) souhaitées, (à la disposition) du Meilleur Être-vrai, (comme) véracité ». Wolfgang Lentz les avait traduites ainsi en 1968 : « [Asha] est dans le vouloir, (c'est-à-dire) dans le vouloir (de la vérité dans le but de ce) que la vérité est (comme) le bien suprême ». La traduction française donnée par Pierre Lecoq en 2016 est la suivante : « Asha est le meilleur bien ; / En son désir il est, / En son désir à lui / Asha Vahishta [= Meilleur Asha], il est Asha » (Y 27, 14). Et il existe bien sûr quantité d'autres traductions dans différentes langues.

Humbach a traduit *Asha* par « véracité », Lentz a choisi « vérité ». Une autre tradition l'interprète dans le sens d'« ordre (cosmique) », qui est bien sûr en même temps l'ordre « vrai ». (En iranien, la vérité est d'ailleurs exprimée métaphoriquement par l'image du « droit chemin ».) Cet « ordre » comprend le monde naturel et le monde social, dont relèvent également la morale, la politique et les rituels : le comportement individuel, la vie en commun et l'accomplissement des rituels en conformité avec l'ordre vrai. Celui qui prend place dans l'« ordre vrai » par ses pensées, ses paroles et ses actes est quelqu'un qui « pratique Asha », un « partisan d'Asha ».

Dans le monde naturel, l'« ordre vrai » s'exprime surtout par les phénomènes lumineux : Asha est ensoleillé, beau et lié au feu[1].

L'ordre cosmique a été disposé, tissé ou créé par l'ordonnateur des mondes, Ahura Mazdâ. Le Maître Sage et Asha l'ensoleillé sont en harmonie, et on les vénère ensemble. Se joint parfois à eux la Bonne Pensée (*Vohu Manah*), et tous trois protègent ensemble le chantre et son bétail. Lorsque, peut-être au cours d'un rituel, le chantre voit Asha et la Bonne Pensée, sa parole est entendue du Maître Sage, lui-même appelé « père » d'Asha et de la Bonne Pensée.

Dans les chants vieil-avestiques, les Gâthâs, l'« ordre vrai » est opposé au « mensonge » (*druj* – étymologiquement apparenté au mot allemand *Trug*, « tromperie »), qu'il faut anéantir avec l'aide d'Ahura Mazdâ et de formules sacrées divines. Les Gâthâs posent à plusieurs reprises la question de savoir si – et si oui, comment – les « partisans d'Asha » l'emporteront sur les adeptes du mensonge. Quand ils envisagent cette victoire, ceux qui considèrent qu'ils sont du bon côté – en premier lieu le chantre (Zarathoustra ?) – n'hésitent pas à infliger tourments et souffrances à leurs adversaires.

Asha est un exemple de ce que j'appelle les « notions directrices » : c'est à la fois un principe cosmique et un agent divin, fils du Maître Sage. En tant que principe d'ordre, il structure les phénomènes naturels et sociaux, et, pour ses « partisans », il présente à la fois des éléments auxquels ils peuvent s'identifier et un ensemble de préceptes religieux

1. La notion directrice de « feu » comporte d'ailleurs elle aussi des dimensions naturelles, éthiques, théologiques et rituelles.

pour agir. La lutte contre le mensonge peut aussi recevoir une interprétation politique : Darius Ier, par exemple, qui a régné de 522 à 486 avant notre ère sur un empire de dimensions alors sans précédent, proclamait que ses ennemis étaient mus par le mensonge : seule sa propre politique était donc agréable à Dieu ou conforme à l'ordre, et, de ce fait, également créatrice d'ordre.

## Les Immortels Bienfaisants et les *yazatas*

Dans les textes vieil-avestiques, Asha apparaît en conjonction avec d'autres notions directrices et d'autres figures divines, en premier lieu Ahura Mazdâ. Dans la première formule sacrée – appelée *Yathā ahū vairyō*, ou *Ahunvar* en moyen perse –, la Bonne Pensée est mentionnée avec Ahura Mazdâ, qualifié ici de « pasteur pour les pauvres », mais une autre notion se joint à eux : *Xshathra*, un nom que l'on traduit le plus souvent par « pouvoir », « royauté » ou « pouvoir souverain » (Y. 27, 13).

Une autre notion essentielle est celle d'*Ārmaiti*, déesse ou principe divin féminin, considérée comme la fille du Maître Sage et dont le nom est généralement traduit par « respect », « docilité » ou « dévotion ».

*Sraosha*, autre figure divine essentielle, incarne (ne serait-ce que par son nom) le principe d'« obéissance » ou de « soumission ». Sraosha est un personnage divin qui a pris peu à peu une très grande importance. Sa voix est d'une beauté remarquable, et il est étroitement associé à la pureté et aux pratiques rituelles, notamment parce qu'il prend soin des âmes des défunts dans les premiers jours qui suivent leur mort afin de les aider au cours de leur périlleux voyage vers l'au-delà (voir ci-dessous p. 61 *sq.*).

À l'exception de Sraosha, les autres principes-divinités mentionnés ci-dessus, ainsi que deux autres, se sont trouvés réunis au fil du temps pour former un groupe de dieux dominé par Ahura Mazdâ : les sept Immortels Bienfaisants (*Amesha Spenta*). Ces sept divinités agissent ensemble – elles ont les mêmes pensées, les mêmes paroles et les mêmes actes –, tout en ayant par ailleurs des personnalités plus ou moins nettement distinctes. Pris dans leur ensemble, les Immortels Bienfaisants constituent ainsi l'unité du cosmos, dont chacun d'eux représente un élément ou un aspect :

– Ahura Mazdâ (« le Maître Sage ») ~ les êtres humains
– Vohu Manah (« la Bonne Pensée ») ~ les animaux bienfaisants
– Asha Vahishta (« le Meilleur Asha ») ~ le feu
– Xshathra Vairya (« le Bien Mérité ») ~ le métal
– Spentā Ārmaiti (« la Docilité Bienfaisante ») ~ la terre
– Haurvatāt (« l'Intégrité ») ~ l'eau
– Ameretāt (« l'Immortalité ») ~ les plantes

Chaque Immortel Bienfaisant est présent dans l'élément qui lui correspond. Ces associations impliquent une sorte d'éthique cosmique et écologique : ce que l'on fait de bien ou de mal à un élément affecte directement l'Immortel Bienfaisant qui lui est rattaché. Si l'on prend soin des animaux bienfaisants, par exemple, on réjouit Vohu Manah, mais si l'on se promène pieds nus, on fait tort à Spentā Ārmaiti. (Marcher pieds nus, tout comme ne pas porter de couvre-chef, était considéré comme un grave péché dans les textes anciens, ce qui n'est plus le cas de nos jours.)

Les éléments présentent cependant différents degrés de sensibilité : les éléments poreux et flexibles comme le feu et l'eau sont extrêmement sensibles aux impuretés et doivent donc être particulièrement bien protégés. Ils ne doivent surtout pas entrer en contact avec des cadavres, des secrétions corporelles ou des parties « mortes » détachées du corps (cheveux, ongles, etc.). Cela vaut également pour la terre, ce qui explique pourquoi les sépultures dans la terre (« les enterrements ») sont rigoureusement interdites par tous les écrits religieux traitant des funérailles. Éléments durs, secs et imperméables, les métaux et les pierres sont les moins menacés.

La notion directrice des Immortels Bienfaisants structure également l'axe temporel : chacune des fêtes du cycle annuel (voir plus loin, p. 153 *sq.*) est attribuée à un Immortel Bienfaisant. Leurs noms sont par ailleurs portés par les sept premiers jours de chacun des douze mois de trente jours des calendriers zoroastriens, utilisés aujourd'hui dans des contextes religieux (voir plus loin p. 154). Les jours suivants portent les noms d'autres divinités, comme Sraosha et Mithra, déjà mentionnés, ou Tir, encore inconnu des textes avestiques, auxquels s'ajoutent des éléments comme le feu, l'eau, le soleil, la lune, le vent, le ciel et la terre. Chacun de ces éléments renvoie d'ailleurs à une divinité : le feu, par exemple, est l'élément physique, mais aussi l'agent divin Ātar, fils d'Ahura Mazdâ, en l'honneur duquel ont été rédigés plusieurs textes rituels.

Ātar et les autres présences divines qui n'appartiennent pas au groupe des Immortels Bienfaisants sont généralement qualifiés de *yazatas* (« dignes de vénération, vénérables »). En raison de leur subordination au Maître Sage, on interprète souvent ces divinités comme des « anges », des figures indépendantes qui agissent conformément aux plans de l'ordonnateur des mondes Ahura Mazdâ. Les *yazatas* ont des profils individuels plus ou moins marqués et remplissent différentes fonctions. Certains sont plus populaires que d'autres auprès des croyants, ainsi Verethragna (ou Bahrām en persan moderne), le victorieux, que l'on invoque pour avoir de l'aide dans des situations difficiles.

À certains *yazatas*, comme Sraosha et Verethragna, sont consacrés des hymnes ou des chants de louanges avestiques particuliers, récités spécialement en leur honneur. De très longs hymnes, les Yashts, sont adressés, par exemple, aux *yazatas* masculins Mithra et Tishtrya et aux *yazatas* féminines Aredvī Sūrā Anāhitā et Ashi, déjà mentionnée dans les textes vieil-avestiques. Les hymnes énumèrent souvent les mérites ou les exploits du ou de la *yazata* qui exprime le désir d'être adoré(e) rituellement. Ils indiquent ensuite les modalités de l'adoration et les dons attendus ou promis en retour de la part du ou de la *yazata*. Dans la plupart des cas, cela prend la forme d'un dialogue entre Ahura Mazdâ et Zarathoustra.

À titre d'exemple, voici quelques extraits de l'hymne au *yazata* Mithra, qui allait devenir la divinité centrale d'un culte à mystères largement répandu dans l'Empire romain à partir de l'Asie Mineure, le mithriacisme.

Le début de l'hymne voit le Maître Sage expliquer à Zarathoustra, qu'il appelle ici de son nom de famille, Spitama, comment il a établi Mithra au rang de *yazata* :

> Ahura Mazdâ dit à Spitama Zarathoustra :
> Alors, lorsque j'ai créé Mithra aux vastes pâturages,
> je l'ai fait, ô Spitama,
> aussi digne d'être vénéré,
> aussi digne d'être prié,
> que moi, Ahura Mazdâ.
> Il détruit le peuple tout entier,
> le félon qui trahit le contrat, ô Spitama ! […]
> ne romps pas le contrat, ô Spitama,
> ni celui que tu conclus avec le menteur,

ni celui que tu conclus avec le partisan d'Asha, à la bonne religion;
car le contrat leur appartient à tous deux... (Yt. 10, 1-2)

Le dialogue entre Ahura Mazdâ et Zarathoustra définit le cadre théologique qui unit Mithra et Ahura Mazdâ, et il comprend l'injonction morale fondamentale de respecter les contrats. La plus grande partie de l'hymne se compose ensuite de formules d'adoration dans lesquelles sont énumérées les qualités et les actions du *yazata* :

Nous vénérons Mithra, aux vastes pâturages,
aux paroles véridiques, éloquent dans les assemblées,
aux mille oreilles, le bien-formé,
aux dix mille yeux, le grand,
qui veille au loin, le fort,
qui ne dort jamais, qui veille sans cesse. (Yt. 10, 7)
[...]
Lui, le premier *yazata* invisible-spirituel
qui arrive par le mont Hara, devant le soleil,
l'*amesha* aux chevaux rapides;
lui qui, le premier, gravit
les beaux sommets aux parures d'or;
de là, il contemple tout le Pays des Aryens,
le très puissant. (Yt. 10, 13).

Mithra est la vigilance même, et il profite de sa position élevée pour veiller à ce que nul ne rompe de contrat. À cet égard, la stricte observation du respect formel des contrats, même de ceux passés avec des méchants, semble lui conférer une certaine ambiguïté morale :

Si jamais il est trompé
soit par un chef de famille dans sa maison,

soit par un chef de clan dans son village,
soit par un chef de tribu dans son district,
soit par un chef de peuple dans son pays,
Mithra, courroucé et furieux,
s'avance et anéantit
et la famille et le clan, et la tribu et le peuple… (Yt. 10, 18)
[…]
Toi tu es, ô Mithra, pour les peuples,
mauvais et très bon ;
toi tu es, ô Mithra, pour les hommes,
mauvais et très bon ;
toi tu veilles, ô Mithra,
sur la paix et la discorde des peuples. (Yt. 10, 29)
[…]
[Nous vénérons Mithra]
pour qui est construite, dans le monde matériel,
une demeure vaste comme la Terre,
grande, sans défaut, brillante
au loin, aux chambres spacieuses. (Yt. 10, 44)
[…]
[Nous vénérons Mithra]
qui arrive, vaste comme la Terre,
après le coucher du soleil ;
il effleure les deux bords
de cette vaste Terre, ronde,
aux confins éloignés ;
il regarde tout ce qui est
entre la terre et le ciel.
Il brandit dans sa main une massue,
aux cent mamelons et aux cent arêtes,
meurtrissant et abattant les guerriers,
fondue dans le métal jaune, l'or puissant,
la plus puissante des armes,
la plus victorieuse des armes. (Yt. 10, 95-96)
[…]
Zarathoustra lui demanda :
« Comment, Ahura Mazdâ,

le partisan d'Asha offrira-t-il la libation purifiée,
lui qui doit faire en sorte
que Mithra aux vastes pâturages,
qu'il vénère, soit satisfait et apaisé ?»
Alors Ahura Mazdâ dit :
« Pendant trois jours et trois nuits,
ils devront se laver le corps,
ils devront être fouettés de trente coups de fouet
avant de vénérer et prier
Mithra aux vastes pâturages ;
pendant deux jours et deux nuits,
ils devront se laver le corps,
ils devront être fouettés de vingt coups de fouet
avant de vénérer et prier
Mithra aux vastes pâturages ;
que nul n'offre de mes libations
s'il ne s'est rendu maître
du Staota Yesnya [« Tous les seigneurs »] et du Visperat [« prières de louange »]. (Yt. 10, 121-122)

L'autorisation d'accomplir des actes rituels est donc liée ici à la connaissance de certains textes rituels. Mais l'appel à faire pénitence est extrêmement inhabituel dans la pratique rituelle zoroastrienne telle qu'elle est historiquement attestée.

La fin de l'hymne comporte de nouvelles formules d'adoration de Mithra et d'Ahura Mazdâ, « les deux grands », ainsi que des étoiles, de la lune et du soleil. Ces deux derniers sont d'ailleurs eux aussi des *yazatas* à part entière.

Les Immortels Bienfaisants et les *yazatas* ne sont pas toujours clairement différenciés dans le langage religieux. Parfois, tous les acteurs divins – y compris les *yazatas* – sont qualifiés d'Immortels Bienfaisants[1], alors que d'autres textes distinguent nettement ces deux groupes. Ceux-ci sont néanmoins liés dans la mesure où chaque Immortel Bienfaisant se voit attribuer plusieurs *yazatas* à titre d'« assistants ». De cette façon, les trente acteurs divins assignés au calendrier mensuel – chaque jour portant le nom d'une figure divine – sont tous en relations les uns avec les autres du point de vue théologique. Mithra, par exemple, est, avec le soleil, le ciel et les lumières infinies, un « assistant » de Xshathra Vairya (« le Bien Mérité »), à qui est affecté le métal. Avec Ātar (le feu) et le victorieux Verethragna, Sraosha est un « assistant » d'Asha Vahishta (« le Meilleur Asha »). Qualifié de *vahishta*, Asha, l'« ordre vrai » des textes vieil-avestiques, qui englobe tout et est opposé au mensonge, se voit ainsi également attribué le rôle d'un Immortel Bienfaisant.

## La *daēnā* (et Yima)

On rencontre dans les textes de l'Avesta différentes notions qui constituent des composantes ou des aspects de l'être humain, mais qui ont aussi un statut indépendant de celui-ci. Par ces aspects « supra-corporels », l'homme participe à plusieurs dimensions profondes du cosmos religieux, dans la mesure toutefois où il satisfait par ses pensées, ses paroles et ses actions aux exigences qui leur sont associées. Ces différents aspects ne sont toutefois pas systématiquement harmonisés les uns avec les autres.

1. Comme on le voit dans la traduction citée ci-dessus (Yt. 10, 13) où Mithra est qualifié d'*amesha*, Immortel (NdT).

Commençons par la notion de *daēnā*, qui joue déjà un rôle dans les Gâthâs et que l'on a essayé de traduire par « état d'esprit pieux », « conception religieuse », « religiosité », « conscience » ou d'autres expressions analogues. Dans les hymnes, la *daēnā* est étroitement liée à Asha, mais aussi à d'autres notions qui ont été réunies plus tard pour former le groupe des Immortels Bienfaisants. La *daēnā* ne fait cependant pas partie de ce groupe, elle est devenue une des *yazatas*, « assistante » de Spenta Ārmaiti (« la Dévotion Bienfaisante »), à qui est affecté l'élément de la terre et avec qui la *daēnā* était déjà en relation d'interaction dans les hymnes anciens.

Au cours de l'évolution historique du zoroastrisme, deux autres traits se sont ajoutés pour caractériser la *daēnā*. D'une part, elle en est venue à désigner « la religion », et à ce titre, se trouve associée à « l'enseignement » :

> nous vénérons la parole de Zarathoustra;
> nous vénérons la religion (*daēnā*) de Zarathoustra;
> nous vénérons le choix et l'enseignement de Zarathoustra. (Y. 16, 2)

On peut « choisir » la religion (*daēnā*), la « louer », la « professer », s'en « ceindre », l'« entendre » (ou encore la « comprendre »), s'y « disposer », mais aussi l'« abjurer ». Il faut penser, parler et agir conformément à la *daēnā*. Il faut également la conserver en mémoire.

Dans un texte de l'Avesta, Zarathoustra demande à Ahura Mazdâ quelle a été la première personne avec qui il s'est entretenu et à qui il a d'abord enseigné la *daēnā*. Ahura Mazdâ répond que ce fut Yima (Jamshid), mais que, lorsqu'il lui a demandé de conserver la *daēnā* en mémoire et de la défendre, Yima a refusé cette responsabilité. Ahura

Mazdâ l'a alors institué premier souverain, protecteur et gardien des créatures, c'est-à-dire des troupeaux (V. 2, 1-5).

Pendant le règne de Yima se produisirent plusieurs événements remarquables : étant donné que les êtres vivants ne mouraient pas encore à cette époque, au bout de trois cents hivers, la Terre devint tellement peuplée que Yima, portant les insignes de sa souveraineté – un anneau et un bâton –, s'adressa à Spenta Ārmaiti (« la Dévotion Bienfaisante »), l'Immortelle Bienfaisante de la Terre, et il élargit la Terre d'un tiers. Il répéta ce procédé au bout de six cents, puis de neuf cents hivers (V. 2, 8-19).

Le texte parle en outre d'une assemblée convoquée par Ahura Mazdâ, à laquelle assistèrent les *yazatas* ainsi que Yima et les êtres humains. Ahura Mazdâ annonça à cette occasion le grand hiver – un gigantesque cataclysme naturel. Yima fut chargé de mettre auparavant les créatures à l'abri en édifiant, sur les indications d'Ahura Mazdâ, une enceinte à l'intérieur de laquelle il recueillit les semences des hommes (sans défauts physiques), des animaux, des plantes et du feu. Des lumières spéciales brûlaient dans cette forteresse, et ses habitants avaient une perception condensée du temps : une année était pour eux comme un jour (V. 2, 20-41).

Un traité en moyen perse, mais qui se présente comme une glose d'écrits plus anciens, attribue à la forteresse construite par Yima une signification concernant les événements qui se dérouleront à la fin des temps. Ce texte annonce qu'à ce moment, le meurtrier présumé de Zarathoustra, le Touranien Bratrores, apparaîtrait et provoquerait de terribles pluies en hiver ; il neigerait et grêlerait en été, si bien que tout le monde mourrait. La Terre serait alors repeuplée à partir des habitants de la forteresse secrète de Yima (*Bundahishn*, 33, 30).

À côté de Yima, qui avait refusé d'assumer la responsabilité de la *daēnā*, existent d'importants défenseurs de la « religion ». Le *yazata* Sraosha, par exemple, déjà plusieurs fois mentionné, est appelé « professeur de la *daēnā* » (Yt. 11, 14 ; Y. 57, 23), et il est dit de Mithra qu'en son âme « a été déposée une grande force / pour la propagation de la religion / belle, qui s'étend au loin » (Yt. 10, 64). La *daēnā* rend aisées les voies à parcourir par le char de Mithra, conduit par la *yazata* Ashi (Yt. 10, 68). Après la naissance de Zarathoustra et le début de ses actions rituelles, est-il dit,

> la bonne religion [*daēnā*] mazdéenne se répandra
> sur toutes les sept parties du monde.
> Ici alors, Mithra aux vastes pâturages favorisera
> tous les chefs des peuples
> et il apaisera leurs séditions (Yt. 13, 94-95).

La *daēnā* n'a pas seulement ces trois significations – un principe, une *yazata* et la religion qui, dans des circonstances favorables, se répandra dans le monde entier : elle apparaît aussi comme une figure anthropomorphe que rencontre l'âme du défunt après la mort. Dans un texte didactique en avestique intitulé *Hādōxt Nask*, Zarathoustra demande à Ahura Mazdâ où se tient l'âme d'un partisan d'Asha pendant les trois nuits qui suivent sa mort. Ahura Mazdâ répond que, pendant les deux premières nuits, elle reste assise auprès de la tête du cadavre et chante une Gâthâ. Mais lors de la troisième nuit, elle a le sentiment d'être conduite vers des plantes et des parfums et qu'un vent du sud parfumé souffle vers elle. L'âme s'avance ainsi à la rencontre de « sa propre *daēnā* ». Celle-ci a l'apparence d'une très belle jeune fille de quinze ans, splendide et forte, aux bras blancs, à la stature droite, noble et de bonne lignée. Surprise, l'âme du partisan d'Asha demande à cette femme qui elle est, et celle-ci lui répond qu'elle est sa propre *daēnā*, dont la beauté résulte des bonnes pensées, des bonnes paroles et des bonnes actions que le partisan d'Asha a accomplies durant sa vie :

> Alors que j'étais déjà désirée,
> tu m'as rendue encore plus désirable,
> [...] avec cette bonne pensée, avec cette bonne parole, avec cette bonne action,
> alors que j'étais belle,
> tu m'as embellie encore plus... (*Hādōxt Nask*, II, 14)

Cette description a été souvent reprise dans des textes ultérieurs et parfois développée de différentes manières. Elle constitue l'un des principaux schémas narratifs concernant le voyage dans l'au-delà de l'âme après la mort. La rencontre avec sa propre *daēnā* n'est qu'une étape de ce voyage, que le texte avestique *Hādōxt Nask* décrit comme un moment de connaissance de soi : la *daēnā* se présente à l'âme du juste comme une sorte de miroir, leur relation prenant la forme de la reconnaissance mutuelle de deux amants.

Dans la littérature en moyen perse, le rôle de la *daēnā* (*den* en moyen perse) dans le processus eschatologique est présenté de manière quelque peu différente : dans un texte du IXe siècle de notre ère, par exemple, la belle femme qui apparaît à l'âme au début de ce moment crucial qu'est le passage vers l'au-delà est introduite comme la gardienne et la comptable des mérites du défunt, qu'elle porte dans un sac sur son épaule (*Dādestān i dēnīg*, ou « Code de la religion », 23, 5). Comme on peut s'y attendre, l'âme d'un être humain « mauvais » ne rencontre pas une belle femme dans son voyage vers l'au-delà, mais une horrible vieille sorcière, et au lieu d'un agréable vent du sud, un terrible vent du nord lui souffle au visage – le nord étant, de manière générale, la région du mal, comme le sud est celle du bien.

Un autre texte avestique aborde la question de savoir où sont rassemblés les « dons » qu'une personne accumule au profit de son âme au cours de son « existence osseuse ». L'âme du partisan de la *druj*, du mensonge, c'est-à-dire l'âme de celui qui a été jugé « mauvais », est enchaînée par un démon au crépuscule du troisième jour après son décès, puis elle est conduite sur le chemin établi par le temps (ou par la divinité du temps) pour tous les êtres, bons et mauvais, jusqu'à un pont où elle supplie qu'on lui donne une nouvelle chance. Une belle femme, aux formes accomplies – d'après sa description, il faut sans doute l'identifier avec la *daēnā* –, vient avec deux chiens et attire les âmes des méchants dans l'abîme. Quant aux âmes des partisans d'Asha, des « bons », elles traversent le pont, gravissent la montagne de Harā et arrivent en présence des *yazatas* invisibles-spirituels. Les démons prennent peur quand meurent des partisans d'Asha, et les âmes de ces derniers, après avoir été accueillies par Vohu Manah (« la Bonne Pensée ») dans le « monde sans danger », parviennent aux trônes d'or d'Ahura Mazdâ et des Immortels Bienfaisants, à la « Maison du Chant », la demeure du Maître Sage, des Immortels Bienfaisants et des autres partisans d'Asha (V. 19, 28-33).

La rencontre avec la très belle femme – la *daēnā* – n'est qu'un des motifs des descriptions zoroastriennes de l'au-delà. Un autre élément tout aussi important est le pont de l'au-delà, qui s'étend entre de hauts sommets montagneux et qui, d'après l'Avesta, est gardé par deux chiens (V. 13, 9). On l'appelle également le pont de Chinvat (ou pont du Chinvat), et les textes en moyen perse mentionnent plusieurs détails à son sujet : Manushchihr, théologien de la fin du IX<sup>e</sup> siècle, le décrit par exemple comme une poutre comportant deux faces, l'une très large, l'autre étroite et tranchante comme une lame de rasoir. Quand l'âme d'un juste aborde le pont, celui-ci lui présente son côté large, ce qui en rend la traversée très aisée. Mais si l'un de ceux qui ont été jugés « méchants » met le pied sur le pont, celui-ci se retourne et le « méchant » tombe inévitablement dans l'abîme (*Dādestān i dēnīg*, 20, 3-7).

Le verdict selon lequel une personne est jugée « juste » ou « mauvaise » est prononcé par la balance de l'âme, sur laquelle sont pesées la somme de ses mérites et celle de ses péchés. Quelques textes en moyen perse mentionnent les acteurs divins qui président à cette procédure de bilan : Wahman (Vohu Manah, « la Bonne Pensée »), Mihr (Mithra), Srōsh (Sraosha) et Rashn (Rashnu), voire parfois Ohrmazd (Ahura Mazdâ) lui-même, qui est toutefois surtout responsable de l'ultime bilan, celui de la fin des temps (voir plus loin, p. 71 *sq.*). Sraosha est à cet égard une figure particulièrement importante, car il prend soin de l'âme pendant les premiers jours après la mort, avant la rencontre de la *daēnā*, la pesée des mérites et la traversée du pont. Aussi est-ce de préférence Sraosha que l'on prie et pour qui on accomplit des rites pendant cette période.

Ces textes attachent de l'importance à souligner que le bilan final est effectué de manière tout à fait « objective » : mérites et péchés sont numériquement contrebalancés. Ce nonobstant, il est évidemment possible d'influencer le résultat : il faut avant tout s'efforcer de racheter ses péchés alors qu'on est encore en vie, par exemple en se confessant (voir ci-dessous, p. 99-100). On peut aussi acquérir des mérites pour le salut de son âme en créant des fondations caritatives, dites « fondations pour l'âme ». Les proches d'un défunt peuvent en outre essayer d'agir sur le sort de l'âme *post mortem*, par des intercessions et des prières, en accomplissant des rituels et en instituant des fondations. Mais il n'est pas certain que ces actions soient en mesure d'influencer l'issue du voyage de l'âme dans l'au-delà. Peut-être ne servent-elles qu'à apaiser et à réconforter l'âme – de même qu'on ne peut guérir un agonisant, mais qu'on peut soulager ses souffrances. Les tenants d'une éthique de la conviction orientée vers une modernisation des croyances (voir aussi ci-dessous p. 98) rejettent tout cela comme de la « superstition ».

## La *fravashi*

La rencontre de l'âme et de la *daēnā* telle que la raconte le *Hādōxt Nask* (voir ci-dessus p. 60-61) donne l'impression que toutes deux sont liées l'une à l'autre, mais qu'elles ont aussi chacune une existence indépendante. Ce tableau est complété par la *fravashi*, dont le nom, d'après son étymologie, peut sans doute être rendu au mieux par « choix, décision ». On la rencontre déjà dans la litanie d'adoration en vieil-avestique en sept sections (Y. 35-42). Le mode d'être spécifique de ces « choix » est difficile à saisir à l'aide de nos catégories de pensée. Des désignations périphrastiques comme les « ancêtres », les « âmes des ancêtres » ou encore les « prototypes célestes » sont tout aussi impuissantes les unes que les autres à en rendre compte.

L'un des plus longs hymnes de l'Avesta est consacré aux *fravashis*. Au tout début de cet hymne, Ahura Mazdâ raconte à Zarathoustra quelle aide importante lui ont apportée les *fravashis* des partisans d'Asha lorsqu'il a établi les cieux (Yt. 13, 1-3). On apprendra plus loin que ces mêmes *fravashis* furent également impliquées pour la mise en place d'autres aspects de l'ordre cosmique : elles ont notamment indiqué aux étoiles, à la lune et au soleil les chemins qu'ils devaient suivre (Yt. 13, 57).

La participation des *fravashis* aux événements d'ordre cosmique est également abordée dans des textes en moyen perse beaucoup plus tardifs. Sous la domination islamique, Zātspram, un théologien zoroastrien du IXe siècle, fait ainsi le récit suivant : après qu'Ahriman a réussi à y pénétrer, Ohrmazd construit autour du ciel une forteresse qu'il fait garder par les *fravashis* des partisans d'Asha, guerriers à cheval disposés tout autour de la muraille, lance en main, comme des gardiens de prison (*Sélection de Zātspram*, 3, 2-3).

Sans les *fravashis* – dit encore l'hymne de l'Avesta – n'existeraient ni troupeaux ni êtres humains, les rivières et les sources s'assècheraient et les mères ne donneraient naissance à aucun enfant, et le mensonge (*druj*) règnerait (Yt. 13, 10-15). À ceux qui s'adressent à elles, les *fravashis* accordent notamment la santé et l'eau, mais surtout la victoire dans les batailles – le portrait que l'hymne brosse d'elles est vraiment guerrier.

Lorsque l'eau s'écoule de Vourokasha, le lac universel mythique, – c'est-à-dire pendant la saison des pluies –, les *fravashis* des partisans d'Asha se mettent en route par dizaines de milliers pour aller chercher de l'eau, au prix de combats, pour leur famille, leur tribu et leur peuple (Yt. 13, 64-68).

En plus des *fravashis* de tous les partisans d'Asha, il existe également des *fravashis* propres à certains groupes sociaux : les *fravashis* des hommes et des femmes, des enseignants et des élèves, des familles, des clans et des peuples. Et il y a aussi des *fravashis* individuelles : chaque être humain en a une, tout comme les dieux, même Ahura Mazdâ, dont la *fravashi* est considérée comme « la plus grande, la meilleure, la plus belle, la plus ferme, la mieux formée» (Yt. 13, 80). Une longue section de l'hymne traite également de la *fravashi* de Zarathoustra, lequel y est loué à différents titres, comme le premier prêtre, le premier guerrier et le premier paysan – et comme celui qui a été le premier à combattre les démons de façon rituelle, et à penser, dire et accomplir le bien (Yt. 13, 88).

L'hymne avestique aux *fravashis* évoque une période de dix jours revenant chaque année pendant laquelle les *fravashis* des partisans d'Asha viennent en ce monde d'ici-bas. Elles observent si on les accueille comme il se doit, avec des vêtements, de la viande et l'adoration rituelle appropriée. À ceux qui les ont reçues de manière convenable, les *fravashis* accordent à leur tour des bienfaits (Yt. 13, 49-52). Ce schéma est fondamental pour la célébration de la fête des morts à la fin de l'année (voir ci-dessous p. 148 *sq.*).

Le caractère actif des *fravashis*, dont Ahura Mazdâ avait tiré parti et grâce auquel elles soutiennent le cours du monde, les distingue à la fois de la *daēnā* (du moins dans sa fonction de composante anthropologique ou de reflet des mérites ou des péchés) et de l'âme. Cette différence catégorielle peut être formulée de la manière suivante à propos de la pratique rituelle : on prie pour l'âme (afin qu'elle réussisse son passage vers l'au-delà), mais on prie les *fravashis* (qui sont toujours déjà dans un autre monde).

Certains documents ne font toutefois aucune distinction entre l'âme et la *fravashi*, et semblent même les assimiler. On lit ainsi dans un texte de l'Avesta: «Nous vénérons les demeures solaires d'Asha, / où habitent les âmes des morts, / les *fravashis* des justes» (Y. 16, 7). Un traité en moyen perse décrit en ces termes la relation entre l'âme et la *fravashi*: pendant la vie, l'âme réside dans le corps, tandis que la *fravashi* reste auprès d'Ohrmazd; mais après la mort, toutes deux se trouvent unies (*Bundahishn*, 3, 13). Cette explication permet de distinguer les deux, tout en les réunissant à la fin.

Dans l'usage terminologique religieux contemporain, la distinction entre âme et *fravashi* n'est pas toujours rigoureuse. Cela peut être dû à un manque d'intérêt porté aux questions théologiques ou à une contamination mutuelle de ces notions religieuses – ou encore à l'idée que ces deux concepts sont si étroitement liés qu'ils en deviennent indissociables.

En tant que « prototypes célestes », les *fravashis* existent sans doute depuis l'origine des temps. Contrairement aux *yazatas*, elles n'ont pas été créées par Ahura Mazdâ, mais l'assistent depuis toujours dans son travail. Elles aident également les êtres humains dans les situations critiques, raison pour laquelle on les a souvent comparées à des « anges gardiens ». À condition qu'on se montre généreux envers elles, elles continueront à soutenir un individu même après sa mort, où on les considère alors comme des « esprits des ancêtres » ou des « héros ».

## Le *xvarnah* (et de nouveau Yima)

Dans le dix-huitième des vingt-et-un hymnes de l'Avesta, Ahura Mazdâ dit à Zarathoustra :

> C'est moi, ô Spitama Zarathoustra, qui ai créé le *xvarnah* aryen,
> plein de lait, aux nombreux troupeaux,
> très désiré, à la grande gloire,
> en qui sont réunies de nombreuses connaissances,
> en qui sont réunis de nombreux trésors,
> [...] Il vainc le Mauvais Esprit qui détruit tout,
> il vainc la Fureur à l'arme sanglante... (Yt. 18, 1-3)

Ce puissant *xvarnah* – dont la traduction allemande par « Glücksglanz », « Éclat du bonheur », fait l'objet d'un large consensus – est au cœur de l'hymne suivant, le long dix-neuvième Yasht. Y sont louées deux formes de *xvarnah* créées par Ahura Mazdâ : le « *xvarnah* des kavis » et le « *xvarnah* puissant et éclatant ». Divers dieux et héros ainsi que des scélérats et des héros du mal cherchent à s'emparer de ce dernier. Au cours d'une rivalité entre le feu et un dragon pour saisir le *xvarnah*, celui-ci atteint le lac universel Vourukasha, où le dieu des eaux, Apam Napāt, qui a créé les êtres humains, le prend sous sa protection (Yt. 19, 51-52). Ahura Mazdâ donne alors aux hommes la mission suivante :

> Alors, chacun d'entre vous, les hommes,
> [...] ô partisan d'Asha, Zarathoustra,
> doit rechercher le *xvarnah* puissant, éclatant ;
> ainsi puisse-t-il obtenir
> une récompense lumineuse
> en don pour l'âme (Yt. 19, 53)

Par ailleurs, le « *xvarnah* des kavis »

> appartient à Ahura Mazdâ,
> de sorte qu'Ahura Mazdâ
> a pu faire les créatures,
> nombreuses et bonnes,
> nombreuses et belles,
> nombreuses et étonnantes,
> nombreuses et merveilleuses,
> nombreuses et lumineuses. (Yt. 19, 10)

Utile à Ahura Mazdâ lors de la création du monde, le « *xvarnah* des kavis » le sera également lors de sa recréation finale :

[l'Éclat du bonheur appartient à Ahura Mazdâ] afin qu'ils rendent la vie splendide,
sans vieillesse, sans mort,
sans corruption, sans décomposition,
avec une vie éternelle,
une jouissance éternelle [...];
lorsque les morts se relèveront,
celui qui ne meurt pas arrivera, rendant vivant;
l'existence sera un renouvellement selon sa volonté.
Seront immortels les êtres
qui auront les prescriptions d'Asha;
la Druj sera ramenée
d'où elle était venue contre le partisan d'Asha,
pour l'anéantir lui-même, sa famille et son existence... (Yt. 19, 11-12)

Le «*xvarnah* des kavis» n'appartient pas seulement à Ahura Mazdâ, mais aussi aux Immortels Bienfaisants, aux *yazatas* et à un certain nombre de héros, en premier lieu à Yima,

de sorte que, sur le monde aux sept parties,
il [Yima] régna sur les démons et les hommes,
les magiciens et les sorcières,
les souverains, les voyants et les prêtres du rituel.
[...] Sous son règne, il n'y avait ni froidure ni chaleur,
il n'y avait ni vieillesse ni mort,
ni l'envie créée par les démons,
avant qu'il ne mentît...
[...] Et lorsqu'il commença à concevoir
son discours mensonger, faux,
au vu de tous, le *xvarnah* s'éloigna de lui,
sous la forme d'un oiseau.

[...] Yima le désespéré se mit à errer,
abattu du fait de ses mauvaises intentions,
il se dissimula à la surface de la Terre. (Yt. 19, 31-34)

À cause de son « mensonge », Yima voit lui échapper l'« Éclat du bonheur », et l'« âge d'or » prend fin.

Des textes plus récents (en moyen perse et en persan moderne) donnent des explications quelque peu différentes de la « faute » de Yima, l'attribuant à l'hybris du roi, qui s'arroge le rôle de dieu créateur et conteste la primauté d'Ahura Mazdâ, ou encore au début de la consommation de viande, source de problèmes car elle suppose l'abattage d'animaux « bienveillants ».

Les textes en moyen perse abordent aussi ce dernier sujet. L'un d'eux raconte comment Ohrmazd exigea un jour du bétail qu'il s'offrît de lui-même afin d'être mangé. Mais le bétail comprit ce que les hommes voulaient lui faire et se querella avec Ohrmazd. Ce dernier lui assura alors que ses péchés seraient remis : ceux qui auront mangé leur viande seront tenus responsables des péchés commis par les animaux (d'où l'on peut conclure que les animaux ont, eux aussi, une responsabilité morale).

Mais revenons à ce que dit notre hymne sur « l'Éclat du bonheur » : Zarathoustra lui aussi a bénéficié de l'aide du *xvarnah* pour ses actions, et un méchant a essayé (mais en vain) de s'emparer de son *xvarnah*. Dans l'histoire que raconte ce texte, le « *xvarnah* des kavis » passe d'un héros du passé à l'autre, de Zarathoustra à Vishtāspa,

de sorte qu'il célébra cette religion,
chassant le mauvais esprit,
expulsant les démons. (Yt. 19, 84)

## La fin des temps : héros et événements

Partant de Vishtāspa, qui « avec son arc et ses flèches [...] a créé un espace pour Asha » (Yt. 19, 85), le récit nous conduit directement à la fin des temps. Cet hymne est l'un des documents les plus clairs sur les héros de la fin des temps. Les *saoshyants* (« vainqueurs », « destinés à prospérer ») y jouent un rôle essentiel, leur action étant elle aussi motivée par « l'Éclat du bonheur » :

> [Le *xvarnah*] qui va conduire
> le victorieux parmi les *saoshyants*
> et ses autres compagnons,
> dans l'intention de rendre la vie splendide
> sans vieillesse, sans mort,
> sans corruption, sans décomposition,
> avec une vie éternelle,
> une jouissance éternelle, régnant à son gré ;
> lorsque les morts se relèveront,
> celui qui ne meurt pas arrivera rendant vivant ;
> l'existence sera un renouvellement selon sa volonté. (Yt. 19, 89)

Les conséquences fatales du « mensonge » de Yima sont annulées par l'apparition des *saoshyants* : la vieillesse et la mort sont abolies, et les morts ressuscitent.

Le *saoshyant* par excellence s'appelle Astvat.ereta, un nom dont on peut rendre le sens par « celui qui a Asha dans les os ». Ce héros de la fin des temps joue le rôle du tueur de dragons (que célèbrent de nombreuses littératures), en se servant de l'arme de celui qui a enchaîné le dragon, Thraētaona (Feridun). Il ne s'agit alors plus seulement de la mort et de la résurrection des morts, mais de la victoire d'Asha et de l'anéantissement du mensonge ou du mal en général, ce qui conduit à la transfiguration du cosmos :

> Lorsque Astvat.ereta se lèvera
> de la rivière Kasaoyā [peut-être le lac Hamun, à l'est de l'Iran ?],
> le messager d'Ahura Mazdâ,
> [...] brandissant l'arme victorieuse
> que portait le brave Thraētaona
> lorsque le dragon Dahāka fut tué,
> [l'arme] que portait le *kavi* Vishtāspa
> sur le point de vaincre la horde hostile à Asha,
> alors, avec elle, il chassera le mensonge
> hors du monde d'Asha.
> Il verra avec les yeux de la force spirituelle,
> il regardera toutes les créatures
> du mensonge, à l'origine détestable – puis les attaquera.
> Il regardera toute l'existence osseuse
> avec les yeux de celui qui donne le réconfort,
> et son regard
> rendra impérissable
> le monde osseux tout entier.
> Ses compagnons à lui,
> Astvat.ereta le victorieux,
> s'avanceront [...]
> devant eux s'enfuira la Fureur
> au mauvais *xvarnah*, qui agresse cruellement ;
> grâce à Asha, il [Astvat.ereta] vaincra le méchant mensonge,
> le ténébreux... (Yt. 19, 92-95)

Parmi les « compagnons » du héros figurent certains des principes et agents divins qui appartiennent au groupe des Immortels Bienfaisants, chacun d'entre eux triomphant de son adversaire respectif : la Bonne Pensée surmonte la Mauvaise Pensée, la totalité et l'immortalité vainquent la faim et la soif. L'Esprit Mauvais, qui accomplit de mauvaises œuvres, finit par céder lui aussi et se retrouve condamné à l'impuissance (Yt. 19, 96).

Le récit des événements de la fin des temps est également évoqué dans l'hymne aux *fravashis* et sera développé dans des textes plus tardifs en moyen perse. Le grand héros de ces récits de la « transfiguration » du monde (*frashgird* en moyen perse) est Soshans (ou Soshiant) – ce qui était un nom commun (les *saoshyants* des textes anciens) semble être devenu un nom propre.

Certains textes en moyen perse inscrivent l'évocation de la fin des temps dans le cadre d'une succession des âges du monde, qui s'étendent sur un arc allant des débuts du monde à sa « transfiguration » ultime. Le déroulement de ces âges est calculé en millénaires, et un héros apparaît à la fin de chacun des trois derniers millénaires. Les deux premiers héros de la fin des temps réussissent à améliorer l'état du monde, mais sans éradiquer complètement le mal, et la situation se détériore à nouveau. Il sera réservé à Soshiant, troisième et dernier héros de la fin des temps, et à ses compagnons d'armes divins de chasser définitivement le mal au cours d'une série d'événements et d'épisodes dont les différents récits comportent quelques variantes.

Chaque texte fait ainsi intervenir d'autres acteurs divins – comme Mithra (Mihr) et Sraosha (Srosh) – et plusieurs adversaires démoniaques – par exemple les démons, masculins et féminins, de l'hérésie, de la fureur ou de l'avidité (qui finit par se dévorer lui-même). En plus de Soshiant, deux personnages humains jouent un rôle de premier plan dans plusieurs récits de ces événements : l'un d'eux est Peshyotan, que l'on dit immortel et qui réside dans une forteresse lointaine où il se tient prêt pour accomplir sa mission à la fin des temps. En plus de la force des armes, les héros ont souvent recours à des rituels dont ils mettent à profit les effets miraculeux. La « transfiguration » proprement dite est précédée d'autres événements : la résurrection des morts et le Jugement dernier.

Soshiant provoque la résurrection des morts en accomplissant un rituel (voire plusieurs). Probablement pour répondre à des doutes émis sur l'idée de résurrection, plusieurs textes soutiennent qu'il n'est pas difficile à Ohrmazd de réassembler les corps des défunts, puisque c'est lui qui les avait créés. À cet effet, les parties du corps sont confiées à différents éléments (et donc, de ce fait, à différents Immortels Bienfaisants) – les cheveux, par exemple, aux plantes. Tous les corps ne seront pas restaurés en même temps, mais en fonction de leur place dans le cours de l'histoire, qui commence avec Gayōmard (Gayo. maretan), l'homme originaire prototypique. Un récit décrit les joyeuses retrouvailles des parents après la résurrection et les plats variés qui leur sont offerts. Les hommes retrouvent leurs femmes – on remarquera la perspective patriarcale –, et ceux qui n'avaient pas encore de femme en reçoivent une : l'idéal de « masculinité » n'est concevable qu'en compagnie d'une épouse.

Suivant le *Bundahishn*, un texte écrit en moyen perse, après la résurrection des morts, les êtres humains seront purifiés par un flot de métal en fusion. D'autres textes précisent que les justes (les partisans d'Asha) ressentiront ce flux de métal brûlant comme du lait chaud, tandis que les pécheurs ou les maudits en éprouveront une douleur insupportable[1].

1. D'après certains documents théologiques, en cas de doute juridique grave, on s'assurait de la véracité d'une allégation en versant du métal chaud sur la poitrine de la personne concernée.

Dans la plupart des textes, la résurrection des morts est suivie du Jugement dernier, au cours duquel sont attribués récompenses et châtiments. Les « damnés » vont en enfer, où ils doivent subir des tourments inimaginables pendant trois jours, se plaignant à ceux qui ont été jugés justes qu'ils ont négligé de leur montrer le bon chemin pendant leur vie terrestre – une leçon que doivent bien sûr prendre à cœur les lecteurs de ces textes. Mais en fin de compte, tous, même les pires pécheurs, seront délivrés de l'enfer lors de la « transfiguration » ultime.

Certains textes appellent le Jugement dernier « l'assemblée d'Isat-vāstra », qui doit se tenir au « milieu du monde ». Cet Isat-vāstra est le fils aîné de Zarathoustra, et les trois héros de la fin des temps, qui apparaissent au terme de chacun des trois derniers millénaires, font eux aussi partie de la lignée de Zarathoustra, dont ils sont présentés comme les fils « posthumes ». L'engendrement insolite du grand héros de la fin des temps est déjà évoqué dans l'hymne avestique cité plus haut, qui annonce qu'Astvat.ereta émergera des eaux (Yt. 19, 92). D'après plusieurs textes en moyen perse, les trois héros sont chacun nés d'une vierge de quinze ans qui est tombée enceinte après s'être baignée dans un lac contenant (grâce à l'aide de quelques *yazatas*) le sperme de Zarathoustra, qui s'était autrefois écoulé sur le sol lors de rapports sexuels avec son épouse.

L'action de Soshiant repose sur la puissance miraculeuse de son *xwarrah* (le *xvarnah* avestique). L'engendrement de Zarathoustra fait également intervenir le *xwarrah*, que le dieu créateur transfère dans le ventre de la mère du « prophète ». Cet « Éclat du bonheur » est entièrement lumineux et brillant : pendant la grossesse de la mère de Zarathoustra, une lumière éblouissante resplendissait dans tout le village !

Le *xwarrah*, ou *xvarnah*, a des liens avec le soleil et le feu : d'après l'hymne de l'Avesta consacré à Mithra, un feu ardent, « le puissant *xvarnah* des *kavis* », vole devant le dieu (Yt. 10, 127). Selon un théologien perse du IX<sup>e</sup> siècle, ce *xvarnah* est l'Éclat du bonheur qui réside dans le feu sacré le plus saint comme le maître de maison dans sa demeure (*Sélection de Zātspram*, 3, 82).

Ce théologien soulève également la question de savoir qui a existé en premier : le corps ou le *xwarrah* ? Ohrmazd dit à ce propos qu'il avait d'abord créé le *xwarrah* et ensuite seulement le corps, taillé, pour ainsi dire, à la mesure du *xwarrah*. Le théologien transpose cette idée dans sa propre terminologie en disant que chaque corps est créé pour son « propre travail », pour effectuer sa mission existentielle ou sa fonction sociale, en quelque sorte (*Sélection de Zātspram*, 3, 75). L'« Éclat du bonheur » est pleinement honoré quand quelqu'un remplit sa « mission » avec succès, quand il « réussit » à réaliser sa tâche existentielle – que ce soit un roi, un prêtre, un dieu, Zarathoustra ou les héros des derniers temps.

## Le *Vidēvdād*

La réalisation de ces tâches repose, entre autres, sur le respect des lois. L'Avesta contient un texte qui expose une forme particulière de loi : le *Vidēvdād* (la « loi anti-démoniaque » ou « loi pour chasser les démons »). Cette loi forme une unité sémantique avec la formule sacrée bénéfique (*mathra spenta*), la « *daēnā* adorant Mazdâ » (*daēnā* ayant ici sans doute le sens de « religion ») et la « loi zoroastrienne » (voir par exemple Y. 1, 13, V. 19, 16). La loi antidémoniaque zoroastrienne est considérée comme très supérieure aux autres « enseignements » (V. 5, 22-25).

Comme la plupart des textes de l'Avesta, la *Loi antidémoniaque* est présentée sous forme d'un entretien entre Zarathoustra et Ahura Mazdâ, à l'exception d'une conversation entre Sraosha, qui vient de déposer sa massue, et le mensonge personnifié, la Druj (V. 18, 30-58). En réponse aux questions de Sraosha, la Druj lui explique qu'elle est fécondée par quatre hommes : premièrement, par celui qui ne donne pas le moindre de ses biens à un partisan d'Asha dans le besoin ; deuxièmement, par celui qui urine trop loin devant lui ; troisièmement, par celui qui répand sa semence dans son sommeil ; et quatrièmement, par celui qui, à l'âge de quinze ans, se promène sans porter ni cordon ni chemise, principaux vêtements rituels des zoroastriens (voir ci-dessous p. 136). Contrairement aux trois autres, ce dernier péché ne peut être racheté en aucune façon.

La *Loi antidémoniaque* s'ouvre sur une description de la contrée aryenne, ou pays des Aryens, « le meilleur des pays », où l'hiver dure dix mois et l'été, deux (V. 1, 2-3). Elle contient par ailleurs quelques récits, comme le mythe de Yima résumé ci-dessus, racontant l'expansion de la Terre, la venue du grand hiver et la construction de la forteresse. Le *Vidēvdād* mentionne également une attaque projetée contre Zarathoustra et une « tentation » à laquelle il résiste vaillamment et à la suite de laquelle il s'apprête à anéantir la création de l'Esprit Mauvais à l'aide des formules sacrées et des accessoires rituels (V. 19, 1-9).

La loi avestique contre les démons contient un certain nombre de dispositions concrètes – portant, par exemple, sur les prêts, les contrats et les dommages corporels – et quelques prescriptions sur la vie idéale à laquelle doit aspirer un zoroastrien, accordant une valeur très positive aux biens, à la nourriture et à la famille.

Le *Vidēvdād* soupçonne de partout les agissements des démons, auxquels il faut faire obstacle par un comportement « respectueux de la loi ». En cas d'infraction de ces prescriptions, intentionnelle ou non, il importe de se soumettre à des procédures de purification ou de rachat. Deux domaines sont ici considérés comme particulièrement « sensibles » ou « délicats », car on y a affaire à des démons très puissants : les funérailles et la menstruation. Tous deux seront encore fréquemment abordés dans des textes ultérieurs – même par des personnes extérieures au zoroastrisme – et ils sont restés fondamentaux pour l'identité religieuse des zoroastriens jusqu'à une époque récente.

Comparés à ceux d'autres cultures, les principes zoroastriens concernant les menstruations sont rigides, mais ils n'ont rien d'atypiques. La *Loi antidémoniaque* de l'Avesta énonce les préceptes suivants : pendant ses règles, la femme doit se tenir à une distance de quinze pas du feu, de l'eau, des objets servant aux rituels et des hommes ; la nourriture doit lui être servie dans un récipient de fer ou de plomb, sans que l'on s'approche d'elle à moins de trois pas (V. 16, 2-7). Elle doit se tenir dans un endroit séparé, à l'écart, aussi loin que possible de la végétation, et d'où il doit lui être impossible de voir le feu (V. 16, 2). Les rapports sexuels sont sévèrement interdits pendant la menstruation : toute infraction est passible de punitions sévères (V. 16, 14-16). À la fin de ses règles, la femme doit être lavée avec de l'urine de vache dans un endroit à l'écart (V. 16, 12).

À en croire les textes sacerdotaux plus tardifs, ce schéma s'est encore durci au fil du temps. Les femmes qui avaient leurs règles devaient ainsi revêtir des vêtements spéciaux et n'étaient autorisées à voir aucune source de lumière et aucune « bonne » créature : le regard, et plus encore le contact physique d'une femme en période de menstruation font partie, selon ces textes, des choses les plus horribles qui puissent arriver. Comme ces préceptes avaient pris une telle extension qu'il était presque inévitable de les enfreindre – même involontairement –, les femmes étaient tenues de réciter une confession de leurs péchés une fois leurs règles terminées. Elles devaient également faire accomplir une combinaison très longue et compliquée de différents rituels au moins une fois dans leur vie. Quelques textes interdisent même aux femmes de prier et de porter des vêtements religieux (cordon et chemise) pendant les menstruations.

Le *Bundahishn*, un traité en moyen perse, rapporte un mythe sur l'origine de la menstruation. On y lit que l'Esprit Fétide fut autrefois comme paralysé lorsqu'il dut reconnaître qu'il était condamné à l'impuissance face à « l'homme juste ». Les démons n'ayant pas réussi à le sortir de sa léthargie, la démone Jeh fit son apparition et lui parla en ces termes :

> Lève-toi, ô notre père, car dans la bataille j'infligerai tant de maux à l'homme juste et au bœuf labourant qu'en conséquence de mes actes, ils ne resteront plus en vie. Je leur déroberai leur éclat du bonheur (*xwarrah*), je nuirai à l'eau, je nuirai au feu, je nuirai aux plantes, je nuirai à tout l'univers qu'Ohrmazd a créé. Et elle décrivit de manière si détaillée ses actions mauvaises que l'Esprit Fétide en fut consolé. Il se remit et embrassa la démone Jeh sur le front. L'impureté appelée « menstruation » fit son apparition chez Jeh. Et l'Esprit Fétide dit à Jeh : « Demande tout ce que tu désires, afin que je puisse te le donner. » (*Bundahishn*, 4, 4-6)

C'est pourquoi la menstruation est aussi appelée « baiser d'Ahriman », et cette idéologie des tabous menstruels selon laquelle les femmes portent en quelque sorte une marque de l'Esprit Fétide dans leur corps a certainement été l'un des piliers servant à légitimer la relation patriarcale entre les sexes. (Les femmes elles-mêmes ne percevaient pas nécessairement les choses ainsi, et même ces prescriptions avilissantes pouvaient être vécues avec dignité.) Au cours du XX<sup>e</sup> siècle, les préceptes concernant la menstruation sont devenus largement caduques. La plupart de nos informatrices nous ont dit qu'ils étaient sans doute encore respectés à l'époque de leurs grands-parents, mais que dès la génération de leurs mères et tantes, ils n'étaient plus suivis que de manière sélective. Dans le contexte des familles nucléaires modernes et des modes de vie urbains, il serait d'ailleurs pratiquement impossible de les suivre à la lettre. De nombreuses femmes (et des hommes aussi) considèrent aujourd'hui que ces anciens préceptes n'ont plus aucun sens. Il n'en reste pas moins vrai que très peu de femmes oseraient se rendre dans un temple, dans un sanctuaire ou auprès d'un puits pendant qu'elles ont leurs règles : les femmes « pieuses » se tiennent alors à l'écart, et celles qui en ont la possibilité ne vont pas travailler.

Les préceptes de conduite édictés par les textes anciens pour la période des menstruations ressemblent à certains égards à ceux qui concernent les funérailles, également traités en détail dans la *Loi antidémoniaque* de l'Avesta. On pourrait presque dire que, pendant qu'elle a ses règles, la femme occupe une position analogue à celle d'un défunt : comme elle, la dépouille mortelle est enveloppée dans un vêtement particulier et placée dans un endroit spécial et isolé (à l'intérieur de la maison), en prenant soin de la tenir éloigné du feu, de l'eau, du sol fertile et de la végétation.

Les préceptes formulés dans la *Loi antidémoniaque* ne concernent d'ailleurs pas seulement les cadavres d'êtres humains, mais aussi ceux des chiens, à qui la place exceptionnelle qu'ils occupent dans l'ordre divin de la création vaut de faire l'objet d'un chapitre distinct (V. 13). D'après ce texte, les chiens sont directement impliqués dans le déroulement des funérailles (ce n'est plus le cas dans la pratique moderne) : le cadavre doit être déposé pendant la journée (en aucun cas la nuit) dans un lieu élevé, facilement accessible aux chiens et aux oiseaux (par exemple, au sommet d'une colline), où on l'attache par les pieds et les cheveux. Les os, dépouillés de leur chair par les charognards, sont ensuite conservés dans des récipients étanches, faits de pierre, de chaux ou d'argile et soigneusement fermés. Si la famille n'a pas assez d'argent, on peut se contenter de laisser les os sur le sol, exposés au soleil.

Les enterrements et l'ensevelissement des cadavres dans l'eau sont strictement interdits par la *Loi antidémoniaque* et sont sévèrement punis – tout comme, bien sûr, de cuire et de consommer des morts. L'exhumation des cadavres enterrés, en revanche, est considérée comme le plus grand bienfait que l'on puisse faire à la terre (V. 3, 12).

Les corps des défunts sont impurs et dangereux parce qu'ils sont infestés par Nasu, la démone des cadavres : dès que le mourant perd conscience, Nasu arrive du nord sous la forme d'une mouche hideuse, couverte de taches, les genoux cagneux et la queue dirigée vers le haut (V. 7, 2). Cette description fait écho à deux autres aspects abordés par la *Loi antidémoniaque* : l'idéal d'intégrité corporelle (qui concerne surtout les prêtres) et le traitement réservé aux « bêtes nuisibles », comme les mouches. Ces deux thèmes négatifs se trouvent associés dans la description de Nasu : elle apparaît non seulement sous forme d'une mouche, mais, qui plus est, pleine de taches – une mouche lépreuse, en quelque sorte –, et son anormalité dangereuse est encore aggravée par le fait qu'elle a les genoux cagneux et une queue.

Les « bêtes nuisibles » (le terme spécifique pour les désigner est *khrafstra*, *khrafstar*) sont considérées comme des créatures de l'Esprit Fétide : elles comprennent notamment les insectes, les reptiles (comme les serpents) et les prédateurs (par exemple les lions, mais aussi les chats). Cependant, pour quelques cas particuliers – le ver à soie et l'abeille –, il a fallu trouver un compromis théologique : on s'autorisait de l'hypothèse selon laquelle Ohrmazd, dans sa sagesse, avait finalement converti au bien les créatures perverses d'Ahriman pour tirer parti de ce que produisent ces animaux – même si l'on continue de préférer la laine (ou le coton) à la soie et si le miel (contrairement à ce qui se passait en Grèce) n'est pas utilisé dans les rituels.

Exterminer les « bêtes nuisibles » est une façon de contribuer activement à libérer le monde des composantes du mal et à faire advenir la transfiguration du cosmos. La *Loi antidémoniaque* mentionne un outil spécial pour cela, le « tueur de *khrafstra* » (appelé plus tard « tueur de serpents »), décrit dans un texte en moyen perse comme « un bâton au bout duquel est attaché un morceau de cuir » (*Bundahishn*, 27, 27 et 28, 22). Quelques textes plus tardifs attribuent des quantités précises de mérites comptant pour le salut de l'âme au fait de tuer certaines « bêtes nuisibles », ce qui, en Iran, était pratiqué dans le cadre de fêtes, au moins de façon régionale et en certaines périodes. L'acte de tuer ces animaux était alors accompagné de formules qui en exprimaient l'intention religieuse. De nos jours, cette forme d'action ritualisée a perdu toute pertinence religieuse : dans le cadre de la modernisation, la lutte contre les « parasites » est devenue une partie de l'« hygiène » générale.

## *Mēnōg* et *gētīg* (l'invisible-spirituel et le visible-corporel)

Les écrits en moyen perse développent une distinction entre deux modes d'être, déjà présente dans des textes de l'Avesta et que certains textes associent à l'émergence du cosmos, caractérisée par une dualité originelle. La dramaturgie des événements s'y rapportant est racontée de manières un peu différentes selon les sources. Zātspram, un théologien du IXe siècle, décrit comme suit la situation initiale de la création du cosmos et de la naissance des éléments cosmiques :

> Il est révélé dans la bonne religion (*den*, *daēnā* en avestique) que la lumière était en haut et les ténèbres en bas, et qu'entre les deux se trouvait un espace ouvert. Ohrmazd était en haut dans la lumière et Ahriman en bas dans les ténèbres, et Ohrmazd était conscient de l'existence d'Ahriman et de sa volonté de se battre ; Ahriman, pour sa part, n'était pas conscient de l'existence ni de la lumière d'Ohrmazd. Ahriman [...] arriva en haut par hasard. Il vit un rayon de lumière et [...] s'efforça d'obtenir la lumière pour lui-même et de régner sur elle comme sur les ténèbres. Lorsqu'il arriva à la frontière, Ohrmazd se présenta au combat pour contenir Ahriman loin de son propre territoire, il le paralysa grâce à sa parole pure et divine et le rejeta dans les ténèbres. En guise de protection contre le mensonge (*druj*), il créa, dans l'état invisible-spirituel, le ciel invisible-spirituel dans les hauteurs, l'eau (invisible-spirituelle) et la terre (invisible-spirituelle), les plantes (invisibles-spirituelles), le bétail (invisible-spirituel), l'être humain (invisible-spirituel) et le feu (invisible-spirituel). (*Sélection de Zātspram*, 1, 1-5)

Cet état dura trois mille ans, durant lesquels Ahriman ne resta pas non plus inactif :

> Ahriman lui aussi se préparait dans les ténèbres. Au bout des trois mille ans, il revint à la frontière [entre le royaume de la lumière et celui des ténèbres], et fit un vœu et dit : « Je te frapperai, je frapperai tes créatures, les créatures que tu as créées dans l'état invisible-spirituel… » (*Sélection de Zātspram*, 1, 5)

Ohrmazd dut se rendre compte qu'à terme, Ahriman serait capable de mettre sa menace à exécution. Il s'efforça donc de limiter la durée du conflit grâce à la médiation du Temps, qui agit ici comme une sorte d'arbitre supérieur entre les deux adversaires : Ohrmazd divisa la durée du conflit en trois périodes de trois mille ans chacune, et Ahriman accepta cet arrangement – pour sa propre perte.

L'état de la création invisible-spirituelle ayant été mis en danger par les agissements d'Ahriman, une fois que l'accord limitant la durée du conflit fut conclu, Ohrmazd fit naître la création sous forme corporelle dans l'état visible-corporel : le ciel, l'eau, la terre, les plantes, le bétail ainsi que les êtres humains et le feu.

La création subsista ainsi pendant trois mille autres années. Puis Ohrmazd se demanda quel sens avait la création (visible-corporelle) si les créatures n'étaient pas en mesure de se mouvoir. Aussi fit-il naître la création (mobile) avec l'aide du firmament et du dieu du temps, Zurvān. Mais les créatures d'Ahriman se retrouvèrent de ce fait également capables de se déplacer, si bien que les frontières jusqu'alors fermement maintenues entre les royaumes des deux adversaires furent dissoutes. À la suite de quoi, Ahriman pénétra dans la création d'Ohrmazd et en contamina les éléments (ciel, eau, terre, plantes, bétail, humains et feu : à ce dernier il ajouta la fumée !). Il en résulta le mélange cosmique des éléments bons et mauvais, qui ne sera aboli qu'à la fin des temps, dans la transfiguration du monde qui commencera avec l'apparition du dernier fils posthume de Zarathoustra.

Nous ne pouvons continuer ici de suivre le cours des événements cosmogoniques tel que le rapporte, par exemple, le *Bundahishn*. Retenons-en la distinction importante entre deux modes d'être : l'invisible-spirituel (*mēnōg*) et le visible-corporel (*gētīg*). Contrairement aux oppositions entre Ohrmazd et Ahriman, entre la lumière et les ténèbres, entre le haut et le bas, etc., la distinction entre *mēnōg* et *gētīg* n'implique pas nécessairement un jugement de valeur : l'être humain doit certes être conscient qu'il est né du mode d'être invisible-spirituel, comme nous l'avons déjà appris dans la *Sélection de préceptes des anciens sages* (voir ci-dessus p. 19), mais le mode d'être visible-corporel n'en est pas moins indispensable pour qu'Ahriman puisse être enfin expulsé de la création. Les traités de sagesse en moyen perse le recommandent régulièrement : l'homme doit diriger sa vie de manière à assurer le salut de son âme, mais il doit aussi rendre justice à son corps – avec joie et modération.

Comme il ressort du récit de Zātspram et d'autres textes, le monde divin n'a pas seulement une réalité invisible-spirituelle : les agents et principes divins existent à la fois dans l'état invisible-spirituel et dans l'état visible-corporel. Les Immortels Bienfaisants, par exemple, sont présents de façon visible-corporelle sous la forme des éléments de la création qui leur ont été attribués, et ceux qui prennent soin de ces éléments adorent donc d'un même mouvement les Immortels Bienfaisants. Le soleil et la lune sont également des phénomènes aussi bien naturels que divins.

Il en va autrement d'Ahriman et des démons, qui n'existent que sous forme invisible-spirituelle. Un texte de sagesse, se référant aux « anciens maîtres », l'exprime ainsi :

> Ahriman n'a jamais existé et il n'existe pas [maintenant non plus]. (*Dēnkard*, ou *Les Actes de la religion*, VI, 278)

La *Sélection de préceptes des anciens sages*, ce catéchisme en moyen perse présenté plus haut, exigeait également du croyant qu'il se convainque qu'Ahriman « n'existe pas, qu'il sera anéanti » (voir ci-dessus p. 20). Ahriman et les démons doivent donc toujours s'efforcer de compenser cette carence et de s'immiscer dans les créatures qui existent selon l'état visible-corporel (*gētīg*), car ils ne peuvent participer à cet état que de manière pour ainsi dire parasitaire. Bien qu'ils n'*existent* pas dans l'état visible-corporel, Ahriman et les démons sont néanmoins bien *réels*, et les croyants doivent être constamment sur leurs gardes pour ne pas les laisser s'approcher d'eux ou pour les éloigner à nouveau. Ce sont là des tâches morales aussi bien que rituelles.

Le corps humain, que certains textes considèrent comme un microcosme, un monde en miniature, est le théâtre où se déroulent ces affrontements. En tant que tel, le corps est libre de démons, mais ceux-ci – surtout la cupidité, l'envie, le désir, la fureur et la honte – s'efforcent de toute leur puissance de pénétrer à l'intérieur de l'être humain. Les textes religieux considèrent que la tâche de l'être humain est précisément d'empêcher cette immixtion des démons (par exemple par des ablutions rituelles) ou de les expulser à nouveau hors du corps humain et d'incarner les dieux à la place.

La question subtile du mode d'être d'Ahriman, soulevée par plusieurs textes en moyen perse, est sans doute assez indifférente à la grande majorité des zoroastriens d'aujourd'hui. L'idée s'est en effet imposée parmi eux depuis plusieurs siècles que le zoroastrisme est un monothéisme, de sorte qu'Ahriman leur paraît au mieux une sorte de démon suprême. La conception du corps a également évolué : l'intrusion des démons n'est plus considérée comme un danger, ni l'incarnation des dieux comme un état auquel il faudrait aspirer.

La distinction entre ces deux domaines de l'être est aujourd'hui plutôt comprise comme recouvrant celle de l'ici-bas et de l'au-delà. Dans la terminologie religieuse, cela peut s'exprimer par des maximes comme : « ce que l'on fait dans ce monde, on doit en rendre compte dans l'au-delà. » Cet au-delà étant notamment le domaine de l'existence après la mort, on suppose que l'âme passe de « ce monde » à « l'au-delà » au moment du crépuscule qui conduit de la troisième à la quatrième nuit après le décès.

## La morale, la pureté, le sexe

Nous avons déjà rencontré un certain nombre de prescriptions morales, dont certaines sont présentées comme des révélations ou des injonctions divines énoncées par Ahura Mazdâ à l'intention de Zarathoustra. Dans l'hymne à Mithra, le dieu lui ordonne ainsi de ne jamais rompre les contrats, même ceux conclus avec des personnes d'autres religions. À côté de cette légitimation divine est donnée une description plus littéraire du rôle de Mithra pour la surveillance, les punitions et les récompenses.

Comme nous l'avons vu, la *Loi antidémoniaque* de l'Avesta contient quelques préceptes abstraits et de nombreuses instructions concrètes concernant les manières d'agir – il faut par exemple se montrer généreux, ou ne pas uriner trop loin (ainsi qu'il est dit dans la conversation de Sraosha avec le mensonge, voir ci-dessus p. 77). Le texte établit le degré de gravité de chaque infraction à ce code de conduite et prescrit des sanctions assez précises, parfois tout à fait draconiennes, pour racheter les péchés commis. Certains méfaits sont toutefois considérés d'une telle gravité qu'ils ne peuvent être expiés. Par exemple, alors que deux cents coups de fouet et deux cents coups de lanière suffisent à racheter la faute d'avoir privé de nourriture un chien de berger (V. 13, 24), tuer ce même animal ne peut être expié en aucune façon : quand l'âme du coupable quitte ce monde, elle se lamente comme un loup pris dans la fosse, et, malgré ses plaintes, aucune âme ne lui viendra en aide, et les chiens qui gardent le pont menant vers l'au-delà ne l'assisteront pas non plus (V. 13, 8-9). Les actions morales et rituelles ont ainsi des conséquences directes sur le déroulement du voyage de l'âme dans l'au-delà.

## Visite guidée du ciel et de l'enfer

La question de savoir d'où viennent nos connaissances sur le monde de l'au-delà se pose bien sûr aux croyants également. La plupart des textes de l'Avesta répondent d'avance à cette question en rapportant les conversations au cours desquelles Ahura Mazdâ instruit Zarathoustra. Certains textes écrits en moyen perse vers la fin du premier millénaire de notre ère (mais reprenant vraisemblablement des traditions beaucoup plus anciennes) indiquent en outre que Zarathoustra, après avoir prié en vain son dieu de lui accorder l'immortalité, a été placé pendant un temps dans un état d'omniscience qui lui a permis d'acquérir des connaissances sur l'au-delà et sur l'avenir.

Par ailleurs, à partir du IIIe siècle de notre ère au plus tard, un certain nombre de textes ont développé le thème du voyage extatique dans l'au-delà. Le récit le plus détaillé et le plus accompli sur un plan littéraire est celui que l'on trouve dans *Le Livre de Wiraz le Juste*, écrit en moyen perse et qui a été traduit en persan moderne, en sanskrit et en gujarati. Il semble avoir été si connu qu'on en retrouve certains motifs dans des littératures de pays voisins (et même chez Dante) et que certains épisodes ont été illustrés par des miniatures, probablement à partir du XVII^e siècle.

Ce texte commence par poser un récit-cadre dans lequel on rapporte que, comme il régnait un grand désarroi religieux, un homme irréprochable, Wiraz le Juste, a été désigné pour réaliser une sorte d'expérience destinée à apporter la preuve que les pratiques rituelles parviennent effectivement jusqu'aux dieux et sont utiles aux âmes des défunts. Après avoir pris des dispositions rituelles, on administre un breuvage spécial à Wiraz, qui s'endort. Son âme quitte alors son corps et franchit la montagne Daïti et le pont de Chinvad pour se rendre dans l'au-delà, où elle rencontre sa *daēnā* (voir ci-dessus p. 61). Elle reste pendant sept jours dans l'au-delà, où elle voit les âmes de Zarathoustra et d'autres héros du passé, et, après avoir entrevu l'Esprit Fétide, perçoit même la lumière et la voix d'Ahura Mazdâ.

Sraosha et Adur, le dieu du feu (le Ātar avestique), le guident alors dans les mondes de l'au-delà. Ils visitent d'abord le Paradis, où l'on montre à l'âme de Wiraz les âmes, vêtues d'habits somptueux, de tous ceux qui ont accompli de manière exemplaire leur profession ou leurs tâches respectives (souverains, épouses, prêtres, agriculteurs, artisans, pâtres, chefs de communauté, éducateurs, médiateurs de paix, amis, etc.). Parmi elles, les premières que rencontre l'âme de Wiraz sont les âmes de ceux qui ont conclu des mariages consanguins.

Souvent commentée, même par des observateurs extérieurs au zoroastrisme, cette forme de mariage entre frères et sœurs ou entre parents et enfants est désignée par une expression spécifique dans les textes zoroastriens prémodernes. Elle n'est néanmoins plus pratiquée de nos jours, et n'est certainement plus considérée comme un mérite religieux. D'aucuns vont parfois jusqu'à en nier la réalité historique. Le droit matrimonial zoroastrien, codifié en Inde et en Iran depuis les XIXe et XXe siècles respectivement (ces deux pays ont des dispositions juridiques particulières pour les minorités religieuses), ne prévoit plus le mariage consanguin; mais les mariages entre cousins et cousines restent autorisés, alors qu'ils tombent sous le coup du tabou de l'inceste dans le droit de certains pays européens.

Après avoir visité ce paradis fleuri, lumineux et joyeux, Sraosha et Adur conduisent l'âme de Wiraz vers un immense fleuve que, malgré tous leurs efforts, un certain nombre d'âmes – même méritantes – ne parviennent pas à traverser: ce fleuve de l'au-delà est formé par les larmes de deuil versées par les parents survivants. Il s'agit là d'une image exprimant une critique des lamentations funéraires: si le défunt est pleuré, son âme risque de rester bloquée par cette rivière dans son voyage vers l'au-delà. De nombreux textes zoroastriens formulent cette critique – d'autres, au moins à l'époque moderne, montrent qu'il existe aussi des coutumes de lamentations de deuil.

L'âme de Wiraz visite ensuite l'enfer glacial et puant, où elle est témoin de tourments atroces (et parfois franchement pervers), qui seront plus tard illustrés par des miniatures. Dans la description qu'en donne le texte, ces tortures infernales sont encore aggravées par le fait que ceux qui séjournent en enfer ne peuvent pas se percevoir les uns les autres, de sorte qu'ils souffrent d'une solitude et d'un abandon terribles. Dans sa visite de l'enfer, Wiraz le Juste (et le lecteur avec lui) découvre les conséquences qu'entraînent une longue liste de péchés.

Sont mentionnés en premier lieu des péchés d'une gravité particulière: la sodomie, le non-respect des prescription concernant les menstruations, le meurtre ainsi que les infractions aux comportements obligatoires pendant les repas – par exemple contre l'interdiction de parler pendant le repas, règle qui ne joue plus aucun rôle de nos jours, même dans la vie quotidienne de personnes qui se veulent « orthodoxes ».

Ce récit sur l'au-delà mentionne à plusieurs reprises le péché de mensonge. L'exigence de véracité est en effet une dimension essentielle de l'éthique et de la religiosité zoroastriennes – les témoignages de toutes les époques et de toutes les tendances concordent à ce sujet. Parmi les autres péchés moraux figurent la rupture des contrats, le vol, le faux témoignage, la paresse, l'incitation aux disputes, la destruction de ponts, le fait d'uriner debout ou de marcher avec une seule chaussure (un péché dénoncé dans plusieurs textes !) et celui de ne pas porter le cordon rituel (voir plus loin, p. 136-137).

Le texte formule par ailleurs plusieurs impératifs, notamment l'obéissance envers ceux qui sont socialement ou politiquement plus haut placés – de la femme envers l'homme, de l'homme envers le gouvernement – ainsi que le soutien à l'armée. Il esquisse également une éthique professionnelle : il est interdit aux commerçants d'utiliser des mesures faussées, aux souverains de mal régner, les juges sont tenus d'enquêter sur les plaintes, de ne pas se laisser corrompre et de ne pas appliquer deux poids deux mesures. Celui qui reçoit des semences doit les semer. En termes d'éthique économique, le texte n'est pas hostile à la propriété et à la richesse, mais formule plusieurs limites : il est interdit d'acquérir ou d'accroître sa richesse par des moyens frauduleux, il ne faut priver personne de son salaire, il ne faut pas se contenter de thésauriser, mais utiliser sa richesse sous forme d'investissement ou de bienfaits. L'avarice est généralement condamnée, et l'on doit toujours mettre à la disposition d'éventuels voyageurs de passage un endroit où dormir et des ustensiles de cuisine.

Plusieurs scènes de l'enfer évoquent les mauvais traitements infligés aux animaux : on n'a en effet le droit de tuer que certains animaux – pas le castor, par exemple, ni aucun jeune animal –, et il faut respecter certaines règles quand on les abat, comme de les étourdir en premier lieu d'un coup de massue. Il ne faut pas faire travailler trop durement les animaux : il est interdit de trop charger les bêtes de somme et de museler les bêtes de labour, et il faut toujours veiller à ce que les animaux ne souffrent ni de la faim ni de la soif. Cela vaut en particulier pour les chiens, qu'il est interdit de battre.

Le texte énumère quelques péchés spécifiquement religieux : l'hérésie (qui semble ne concerner que les hommes), la sorcellerie (qui concerne les femmes), le fait d'éteindre les feux consacrés, voire les feux tout court, de nier dieu et la religion et de douter de l'existence du ciel et de l'enfer, de la résurrection des morts et du héros de la fin des temps. Cette liste manifeste une fois de plus l'importance donnée à la dimension eschatologique.

L'éthique sexuelle n'est pas non plus négligée : sont interdits non seulement les rapports sexuels pendant les menstruations, mais aussi l'adultère et le fait, pour les hommes, de séduire des femmes étrangères. L'avortement est également interdit et les pères qui refusent de reconnaître leurs enfants illégitimes vont en enfer.

## Pureté et purification

Plusieurs scènes de l'enfer décrites dans le *Livre de Wiraz le Juste* se réfèrent à l'idée de pureté. Celle-ci concerne en premier lieu l'eau et le feu, dont il faut prendre un soin particulier pour les maintenir propres et éviter toute pollution. Le récit de Wiraz évoque deux domaines de la vie pratique dans lesquels cette préservation de la pureté de l'eau et du feu nécessite des précautions particulières : les bains publics et la lessive.

Avec l'islamisation croissante de l'Iran, musulmans et zoroastriens en étaient venus à vivre côte à côte dans de nombreuses localités ; or les personnes d'autres religions étaient considérées comme impures[1] : il fallait donc empêcher dans la mesure du possible l'utilisation commune des fontaines et des bains publics en particulier. Des textes de l'époque islamique évoquent aussi diverses restrictions concernant les relations avec les personnes d'autres religions – avec lesquelles on ne peut pas partager un repas, à qui on ne doit pas acheter de viande, etc.

Il faut non seulement préserver la pureté de l'eau et du feu, mais également maintenir ces deux éléments strictement séparés – veiller à ce que l'eau ne déborde pas et ne coule pas dans le feu, et n'alimenter le feu qu'avec du bois soigneusement séché. L'eau, le feu et la terre fertile (qui contient pour ainsi dire de l'eau) ne doivent en aucun cas entrer en contact avec des cadavres et des matières mortes (sang menstruel, cheveux, ongles, etc.). Au point de vue théologique, ces préceptes de pureté peuvent être rattachés aux Immortels Bienfaisants auxquels sont attribués les éléments concernés (voir ci-dessus p. 51).

La composition de l'être et de la vie ayant pâti des mauvais traitements d'Ahriman pendant l'émergence du

1. Ce qui ne vaut plus aujourd'hui que dans des contextes rituels, raison pour laquelle, par exemple, ces personnes ne sont pas autorisées à entrer dans les temples zoroastriens en Inde.

cosmos (voir ci-dessus p. 84-85), il est impossible d'éviter les souillures. Cela concerne les décès et la mort, mais aussi la naissance et le domaine de la sexualité. Celle-ci, tout en remplissant une fonction positive (et à ce titre, elle ne fait l'objet d'aucun rejet), constitue en soi une impureté : comme d'autres causes de souillure – excréments, cheveux et ongles coupés, sang menstruel –, la sexualité est en effet une forme de franchissement des limites corporelles. Pour la même raison, l'absorption de nourriture était soigneusement réglementée. Comme pour la plupart des préceptes de pureté, ces règles ne sont plus observées de nos jours que dans des contextes strictement rituels.

En dépit de leur logique interne, de leur arrière-plan théologique et de leur évidente utilité sociale, ces préceptes zoroastriens de pureté ne sont pas dépourvus de caractère historique : ils ont évolué au fil du temps, un changement notable étant l'apparition de l'idée de pureté « intérieure » – la pureté de l'âme – à côté des souillures résultant d'un contact « extérieur » avec des substances impures. La pureté est ainsi devenue une valeur positive qui est plus que la simple absence d'impureté : elle fait accéder à un statut particulier qui autorise à accomplir des rituels, ce qui concerne au premier chef les prêtres, tenus de s'assurer qu'ils se trouvent dans un état de pureté pour pouvoir remplir certaines fonctions rituelles. Cela ne joue néanmoins plus guère de rôle aujourd'hui en Iran ; en Inde également, de nombreuses restrictions ont été assouplies au cours du XXe siècle : jusqu'alors, un prêtre avait, par exemple, irrémédiablement perdu le droit d'accomplir certaines liturgies par le simple fait d'avoir entrepris un voyage en mer.

Pour atteindre ou restaurer « l'état de pureté », il faut effectuer certains actes rituels voire des rituels entiers de purification plus ou moins complexes qui ont été élaborés au fil des siècles. Cela vaut également pour l'élimination des matières impures – en premier lieu, des cadavres. En outre, à partir d'une certaine époque, les croyants ont été soumis à l'obligation de restaurer leur pureté plusieurs fois par jour, que l'on pût ou non prouver qu'ils avaient subi une souillure. L'impureté est une composante de la condition humaine : puisque l'accouchement en soi implique d'emblée une souillure (de la mère, mais aussi du nouveau-né), les textes sacerdotaux prescrivent à tous les croyants d'accomplir un ample rituel de purification au moins une fois dans leur vie. Mais ces mêmes textes expliquent aussi que les prêtres peuvent exécuter ces rituels de purification en lieu et place des croyants qui le leur demandent (leurs « clients »), pour les vivants comme pour les défunts. Cette évolution relève d'une forme de professionnalisation de la pratique religieuse.

Tous les zoroastriens doivent accomplir plusieurs fois par jour le rite du *kustī* – également connu sous le nom de *pādyāb-kustī* –, qui dure quelques minutes : le croyant se tourne en direction d'une source de lumière, dénoue son cordon rituel puis le renoue, tout en récitant plusieurs textes rituels et en se nettoyant éventuellement le visage, les mains, les avant-bras et les pieds. Ce rite du *kustī* marque le début des prières quotidiennes que l'on doit faire au cours de chacune des cinq phases rituelles de la journée. Celles-ci sont calculées en fonction de la position du soleil : du lever du jour jusqu'à midi (*hāwan*), de midi à l'après-midi (*rapihwin* ou, en hiver, deuxième *hāwan*), de l'après-midi au coucher du soleil (*uzērin*), du coucher du soleil à minuit (*ēbsrūsrim*) et de minuit au lever du soleil (*ushahin*).

Le rite du *kustī* est un bref acte d'auto-purification par l'eau. Il se distingue à plusieurs égards des rituels de purification plus complexes comme le *sade-nāhn*, qui dure environ vingt minutes, ou le *bareshnum*, qui demande dix jours complets. Ces rituels sont accomplis lors de souillures graves, ou bien en des occasions particulières (initiation, mariage, ordination, préparation à certaines cérémonies). Ils se déroulent dans des pièces particulières, ne peuvent être effectués la nuit, et les actes de purification qu'ils comprennent doivent être accomplis par un prêtre. La purification ne se produit plus seulement par l'application externe d'eau (ou d'urine de bovin), mais aussi par l'absorption de substances purificatrices – feuilles de grenadier, cendres d'un feu sacré, eau ou urine de bovin consacrée.

La consécration de l'eau et de l'urine de bovin est la cérémonie sacerdotale la plus compliquée et la plus longue qui soit. En Iran, l'utilisation de l'urine bovine a été largement abandonnée au XX^e^ siècle – les cérémonies de consécration n'ont donc plus lieu d'être, et l'on ne pratique plus non plus le rituel du *bareshnum*.

## Une forme moderne d'éthique de la conviction

Cette évolution fait partie de la « rationalisation » de la religion de Zarathoustra mise en œuvre par des groupes influents dans les communautés iraniennes au cours du XX^e^ siècle. Invoquant le « message » ou la « philosophie » de Zarathoustra, ils aspirent à éliminer les éléments de « superstition » chez les laïcs et de « ritualisme excessif » chez les prêtres. Dans de nombreuses interprétations modernes (même en Inde), l'impératif de « pureté » est ainsi compris comme une exhortation à l'hygiène (c'est-à-dire à la « propreté ») ou bien à mener une vie moralement irréprochable. Cette refondation théologique moderne vise à élaborer une « pure » éthique de la conviction qui se réalise dans le principe « des bonnes pensées, des bonnes paroles et des bonnes œuvres ».

Le bien qu'il s'agit de faire n'est alors plus déterminé par un contenu particulier. Cette éthique défend une liberté de choix individuelle qui peut – et doit même parfois – passer outre aux règles comportementales considérées autrefois comme fondamentales.

## Les pratiques du repentir et de la confession

Le *Livre de Wiraz le Juste* illustre les conséquences qu'ont dans l'au-delà les vertus et les péchés – parmi lesquelles le fait de prendre soin ou au contraire de négliger les éléments, mais aussi les divers comportements religieux, moraux, sociaux et économiques mentionnés ci-dessus. Les croyants sont en outre invités à avoir un rapport réfléchi à leurs propres actes : un texte de sagesse exhorte ainsi le lecteur à être toujours plein de repentir et de contrition pour toute transgression ou toute faute qu'il a commise. Le croyant doit toujours avoir présente à l'esprit la pensée suivante :

> Je ne le ferai plus. (*Dēnkard*, VI E, 31 d)

Il faut donc être soi-même juge et critique de son propre comportement afin de s'améliorer. Il ne s'agit pas de regarder sans rien faire les péchés s'additionner sur notre compte dans l'au-delà : il est possible, sous certaines conditions, d'en racheter certains – mais pas tous. Ces péchés doivent d'abord être pleinement reconnus, en présence d'une personne habilitée à cela. Un texte en moyen perse décrit cette pratique de la confession des péchés comme un acte consistant à bénir le dieu Ohrmazd, les Immortels Bienfaisants, les chefs, les justes et les bons, et à maudire

Ahriman, les démons et les méchants (*Dēnkard*, VI, 123). À côté de cela, les textes mentionnent des formes concrètes de pénitence ou de réparation pouvant consister en dons monétaires ou à faire accomplir certains rituels.

Parmi les écrits zoroastriens plus tardifs se trouvent plusieurs textes de repentance appelés *petit* ou *patēt*, qui louent les divinités, expriment la volonté de se repentir et de ne plus pécher et passent en revue une liste fixe et détaillée de péchés. Les croyants ne connaissaient sans doute pas par cœur ces longs textes, mais ils pouvaient (et peuvent encore) les faire réciter par un prêtre tout en prononçant eux-mêmes des prières plus courtes. La récitation de ces textes de repentance est un acte religieux qui s'est imposé depuis plusieurs siècles comme un élément constitutif de certains rituels. Idéalement, le croyant devrait confesser ses péchés quotidiennement avant de s'endormir, et une dernière fois peu avant de mourir. La confession des péchés peut également être récitée par procuration pour le défunt.

## La solidarité communautaire

Tant dans l'éthique de la conviction, qui insiste sur la liberté de choix et la responsabilité individuelles, que dans la pratique de la confession des péchés ou des rituels de repentance, l'accent est mis sur l'individu. Mais les actes de chacun concernent toujours aussi d'autres personnes, et les textes construisent une image de la réalité qui inscrit l'individu, ses actions et son comportement dans un réseau complexe de relations (n'oublions pas que ce qu'il y a de pire en enfer, c'est l'isolement des damnés !). Comme nous l'avons vu, ce que fait l'individu s'insère toujours dans le cadre universel des sept éléments cosmiques et des

Immortels Bienfaisants, et concerne donc toujours aussi la nature, les animaux et les dieux.

Nous avons déjà mentionné certaines obligations sociales du croyant envers ses congénères. Il faut ajouter la nécessité, soulignée par plusieurs textes, de venir en aide aux pauvres et aux miséreux – ainsi qu'aux prêtres. À l'époque moderne, quand un nombre non négligeable de zoroastriens sont devenus très riches, ils ont consacré une partie de leur fortune à des projets caritatifs (institutions religieuses, écoles, bibliothèques, établissements médicaux, routes, ponts, ensembles de logements et bien d'autres encore). Des croyants d'autres religions ont aussi pu profiter de certaines de ces institutions – et le peuvent aujourd'hui encore. Elles conféraient à leurs fondateurs un prestige et un statut social dans leur communauté aussi bien qu'en dehors d'elle, ce qui pouvait même se traduire, dans l'empire colonial britannique, par l'octroi de titres de noblesse.

Les écrits antérieurs à l'époque moderne inscrivent l'individu dans une structure sociale hiérarchisée, dont la portée ou l'extension a cependant été fortement limitée en Iran avec la chute des royaumes préislamiques au VIIe siècle de notre ère. Les textes en persan moderne datant de l'époque islamique insistent surtout sur le tissu relationnel familial. Rappelons que, pour les zoroastriens, il est impératif de se marier et d'avoir des enfants, et quelques documents expriment même l'idée que ceux qui n'ont ni engendré ni adopté d'enfants ne pourront pas atteindre le pont vers l'au-delà – de même, quiconque a infligé du mal à une autre personne et ne l'a pas expié devra attendre au pont de l'au-delà que sa « victime » y arrive aussi.

D'après ces textes, la famille et la société sont structurées de façon patriarcale : on y insiste sur l'autorité des maîtres sur les esclaves, des parents sur leurs enfants et du mari sur son épouse. On y rappelle en outre les obligations des vivants envers leurs ancêtres, dont il faut cultiver le souvenir et pour qui il faut accomplir des rituels.

Cette intégration des individus dans un ordre familial et social signifie qu'ils sont également responsables du maintien de cet ordre. Les structures sociales fournissent plus que le cadre ou l'arrière-plan des actions de chaque individu, car celles-ci ont toutes des conséquences pour les autres, qui se révèleront au plus tard dans l'au-delà. Peu importe, par exemple, le nombre de bonnes actions qu'une femme a faites : si elle ne s'est pas montrée obéissante envers son mari, son âme après sa mort ne suivra pas la voie qui mène au ciel. Il en va de même pour les descendants désobéissants. Certains péchés – surtout la rupture d'un contrat – peuvent même être transmis à la génération suivante. Le comportement des parents survivants contribue aussi à déterminer le sort des âmes dans l'au-delà : ceux qui versent des larmes de deuil font du tort aux âmes des défunts (voir ci-dessus p. 92), ceux qui font accomplir en leur nom des rituels et font de bonnes actions (par exemple en faveur des pauvres) améliorent leur situation dans l'au-delà.

Un texte en persan moderne écrit avant le XVe siècle de notre ère ajoute un autre aspect à l'idée des implications sociales des péchés et des mérites et de leur caractère transmissible. Il y est dit que les mérites accumulés par les justes alimentent un trésor : si l'âme de quelqu'un arrive au pont vers l'au-delà avec moins de mérites que de péchés, les divinités ou les âmes qui se trouvent au paradis peuvent puiser dans ce trésor une quantité suffisante de mérites pour que cette âme échappe à l'enfer. Ce scénario est néanmoins inconnu – voire rejeté – par la plupart des croyants d'aujourd'hui. Je le mentionne seulement parce qu'il montre, de façon presque caricaturale, que les textes zoroastriens situent les faits et gestes de chacun dans le contexte d'une communauté solidaire où les individus dépendent les uns des autres non seulement en ce monde, mais aussi dans l'au-delà. De même que l'individu réunit en lui plusieurs composantes anthropologiques, il se présente aussi comme une personne sociale en relations d'interdépendance avec les autres.

## Hommes et femmes

Comme d'autres religions, le zoroastrisme contribue à définir les relations entre les sexes. Les notions, récits et discours religieux se prêtent toutefois à des interprétations différentes selon les contextes historiques : ils peuvent servir à consolider des structures patriarcales, mais on peut aussi les comprendre dans le sens d'un appel à l'égalité et à l'émancipation, comme on le fait à l'époque actuelle.

La thèse de l'égalité religieuse des femmes dans la religion de Zarathoustra, populaire chez la plupart des zoroastriens d'aujourd'hui, renvoie surtout aux hymnes anciens, les Gâthâs, qui s'adressent parfois aux femmes autant qu'aux hommes. On tire un autre argument du fait que les âmes des femmes se voient également attribuer une place dans l'au-delà en fonction de leurs péchés et de leurs mérites. En outre, on rappelle souvent que les femmes sont autorisées à fréquenter les temples et à accomplir des rituels fondamentaux sans la moindre restriction (du moins en dehors de la période de leurs règles). Et l'on compare volontiers ces observations aux dispositions prétendument misogynes de l'islam.

En réalité, les relations entre les sexes chez les zoroastriens ont considérablement évolué à l'ère moderne.

Un facteur important à cet égard a été l'introduction en 1865, d'abord en Inde, d'un nouveau droit privé s'inspirant davantage des modèles occidentaux. Ce n'est qu'avec ce droit moderne que les femmes sont devenues des sujets de droit indépendants. Tel n'était pas le cas dans les dispositions juridiques de la période préislamique (sassanide) : les femmes n'étaient alors définies juridiquement que par leur relation à leur époux. Une autre innovation importante du droit moderne est d'avoir rendu obsolète la distinction entre différentes catégories de mariage, selon laquelle les femmes se voyaient accorder des droits différents en fonction du type de mariage qu'elles avaient conclu.

Cette subordination juridique répondait à des exigences idéologiques : les textes plus anciens (écrits exclusivement par des hommes – les prêtres) mettent en valeur l'obéissance au mari comme une vertu fondamentale de la femme zoroastrienne. Wiraz le Juste, par exemple, rencontre en enfer des femmes qui avaient refusé de reconnaître leur mari comme leur maître. D'autres femmes doivent endurer des tourments infernaux parce qu'elles se sont montrées querelleuses et insolentes envers leur époux. L'impératif d'obéissance implique notamment que la femme ne doit pas refuser le coït à son mari. Les punitions (sans doute à comprendre comme des mesures disciplinaires) étaient apparemment considérées comme presque nécessaires au salut : la femme qui n'aurait *pas* été punie par son mari était destinée à aller en enfer ! Certains textes persans vont jusqu'à décrire l'obéissance comme un acte d'adoration du mari.

À côté de l'épouse soumise, le deuxième rôle féminin essentiel est celui de la mère attentive. Le *Livre de Wiraz le Juste*, par exemple, aborde à plusieurs reprises le devoir d'allaiter les enfants et de ne pas les laisser souffrir de la faim.

Les différences entre rôles genrés se reflètent déjà dans les caractérisations des dieux et des déesses qu'on trouve dans l'Avesta : beaucoup moins dominantes que leurs homologues masculins, les déesses y sont chastes, soumises, maternelles – bien différentes des démones, décrites comme des femmes rebelles, libidineuses, lascives et subversives. Tous les grands héros de l'histoire du zoroastrisme sont d'ailleurs des hommes – à commencer par Yima et Zarathoustra.

La vie des femmes était fortement marquée à tous égards par les préceptes déjà mentionnés concernant les menstruations (voir ci-dessus p. 78 *sq.*). Pris au pied de la lettre, ils impliquaient une mise à l'écart des femmes, sociale et spatiale. À l'arrivée de la ménopause, les femmes devaient se dégager de l'emprise des menstruations en accomplissant un rituel de purification complexe.

Les femmes modernes se sont libérées de nombreuses autres restrictions sociales et ont gagné accès à une éducation moderne, de sorte qu'elles participent désormais à tous les aspects de la vie sociale. En Inde, en particulier, de nombreuses zoroastriennes ont un haut niveau d'instruction et la moitié d'entre elles environ exercent une activité professionnelle. Il est d'autant plus frappant de constater qu'elles sont encore massivement sous-représentées dans les instances dirigeantes des organismes de la communauté zoroastrienne dans le monde (en dehors des associations de femmes). Et elles restent exclues par principe du clergé.

## Les rituels féminins

Cela ne signifie pas pour autant que les femmes étaient réduites à la passivité en matière de rituel, car en dehors des obligations rituelles générales qu'elles devaient observer se sont développés quelques rituels spécifiquement féminins. On ne peut guère en retracer l'histoire de manière fiable en raison de la rareté des documents à ce sujet. Comme dans les rituels féminins d'autres religions, les aliments et leur préparation jouent ici un rôle important[1].

Ces rituels sont appelés *sofre*, d'après le nom de la nappe sur laquelle on prenait traditionnellement les repas en Iran. Sur ces tissus souvent verts sont disposés de nombreux aliments et boissons consacrés par la déclamation scandée de récits de miracles, si bien que leur consommation se voit attribuer des effets spirituels et matériels positifs.

Il y a là un parallèle frappant avec les rituels sacerdotaux, dont l'effet spécifique dépend essentiellement du pouvoir de la parole. Mais tandis que les prêtres récitent des textes de l'Avesta, les femmes racontent – presque toujours dans le dialecte des zoroastriens iraniens – des histoires dont les principaux motifs ne sont pas avant tout religieux : ce sont le plus souvent des récits de femmes miraculeusement sauvées de situations périlleuses, et dans lesquels le dénouement s'accompagne du vœu d'accomplir à l'avenir certains rituels de *sofre*. De manière générale, pour les hommes comme pour les femmes, les vœux sont un important principe d'organisation de la pratique rituelle. De même que seuls certains prêtres sont autorisés par leurs fonctions à célébrer des liturgies particulières, seules certaines femmes disposent du charisme nécessaire pour présider aux rituels féminins.

Les aliments rituels disposés sur la nappe sont ensuite ou bien goûtés, ou bien consommés ensemble, ou encore

1. C'est d'ailleurs en préparant la nourriture consacrée par les prêtres que les femmes prennent également une part active aux rituels sacerdotaux masculins.

emportés à la maison voire apportés à des institutions religieuses (temples ou sanctuaires) où ils seront goûtés par des visiteurs de passage – ce qui est considéré comme un mérite religieux, créant un réseau de participants, une sorte de communauté rituelle élargie.

Aux différents rituels de *sofre* correspondent des sélections d'aliments, des histoires de miracle et des règles d'exécution différentes : certains de ces rituels se déroulent seulement en des jours fixes, d'autres une fois par semaine, d'autres encore une seule fois par an ; les hommes sont autorisés à participer à certains d'entre eux, à d'autres non ; certains rituels ne sont accomplis que dans des occasions particulières, d'autres peuvent l'être en toute circonstance.

Les prêtres et les intellectuels influents n'accordent pas grande valeur à ces rituels féminins, sans pour autant essayer de les faire disparaître. Ils sont tolérés comme un phénomène marginal. En Inde toutefois, quelques rituels féminins sont intégrés dans le déroulement officiel de cérémonies importantes : lors d'occasions solennelles, comme la cérémonie d'habillage des enfants avec les éléments vestimentaires religieux (voir plus loin p. 136 *sq.*) ou les mariages (voir plus loin p. 140 *sq.*), les femmes accomplissent des rites de bonheur sans lesquels le déroulement général de la cérémonie serait impensable. Il est vrai que ces rites de bonheur ou « de seuil » se déroulent en silence : ils consistent en gestes qu'une femme accomplit à l'aide de certains objets d'abord placés sur un plateau métallique, en portant toujours son attention vers la personne sur laquelle le rite doit exercer une influence. Dans l'un de ces rites, la femme fait tourner un œuf et certains végétaux (par exemple une noix de coco) sept fois dans le sens des aiguilles d'une montre autour de la tête du « bénéficiaire », avant de les briser sur le sol.

# Prêtres et rituels

La plupart des souverains des royaumes iraniens préislamiques vénéraient Ahura Mazdâ et d'autres dieux du panthéon zoroastrien. Nous savons encore trop peu de choses sur les relations précises entre les instances « étatiques » et « religieuses » dans l'Iran préislamique, notamment parce que ces deux ordres de fonctions et d'institutions sont souvent difficiles à distinguer avec précision : il semble par exemple que les fonctions « juridiques » et « religieuses » aient parfois été exercées par une seule et même personne. Il est vraisemblable que de nombreux souverains, par conviction ou par convention, aient investi des sommes importantes à des fins religieuses, par exemple pour faire édifier des temples ou pour financer des feux ou d'autres institutions ; inversement, la « religiosité » des rois était sans doute une dimension essentielle pour renforcer la reconnaissance de leur légitimité en tant que souverains. La « religion » est une sorte de capital symbolique (ou de pouvoir symbolique) dont on peut tirer parti dans différentes intentions.

## Les fondations religieuses

Ces « investissements religieux » prenaient souvent la forme de fondations pieuses. À l'époque sassanide (du IIIe au VIIe siècle) s'est développé en Iran un droit des fondations très élaboré, qui allait même influencer plus tard le droit islamique. Les rois n'étaient pas les seuls à pouvoir instituer des fondations religieuses, tous ceux qui le voulaient et en avaient les moyens faisaient de même. On pouvait verser jusqu'à un tiers de son patrimoine dans des fondations pour le salut des âmes de parents défunts. Le droit sassanide distinguait deux types de fondations religieuses : celles dont la « base matérielle » n'était pas lucrative en elle-même et celles dont elle était source de profit. Un pont, par exemple, était une fondation non lucrative parce que cet édifice ne rapportait aucun bénéfice ; un vignoble ou un verger, en revanche, étaient des formes de fondations lucratives parce que leur culture permettait de réaliser des profits qui en augmentaient le capital. Ces fondations religieuses étaient donc des entreprises économiques, dont les revenus ne servaient pas seulement à financer des rituels et des cérémonies pour le salut de l'âme des défunts, mais aussi à assurer l'entretien des membres de la famille des fondateurs, créant une sorte de patrimoine auquel l'État et l'administration fiscale n'avaient pas accès, les fondations religieuses étant enregistrées par une autorité spéciale.

D'après certains documents historiques, les temples du feu pouvaient même constituer des fondations tellement riches qu'elles jouaient sans doute un rôle important dans la vie économique du royaume. L'excédent résultant de la gestion des actifs de la fondation servait également à en faire vivre le personnel, qui comprenait sans doute plusieurs dignitaires religieux.

À l'époque islamique, les grandes fondations richement dotées devinrent de moins en moins nombreuses, même si la fondation comme forme juridique restait une institution juridique importante permettant de protéger les biens des zoroastriens, tout particulièrement sous la domination musulmane. Si l'on instituait un verger à titre de fondation pieuse, son produit pouvait servir à financer des cérémonies religieuses au cours desquelles les prêtres consacraient des aliments (généralement préparés par des femmes), ensuite consommés ensemble par les participants. Aujourd'hui, les offrandes religieuses prennent souvent la forme de repas, généralement des soupes ou des ragoûts.

La fondation est également la forme juridique courante des institutions religieuses en Inde, selon un modèle que le droit colonial britannique a modernisé. De nombreux temples du feu forment ainsi des « trusts » (résultant de fondations), administrés par un conseil d'administration, généralement composé en majorité de membres de la famille du fondateur, et qui engage notamment un prêtre pour s'occuper des aspects rituels.

## Les prêtres à l'époque préislamique

Il est à peu près impossible d'imaginer l'histoire de la religion de Zarathoustra sans les prêtres. Dès le ve siècle avant notre ère, Hérodote rapporte que les Perses ne faisaient de sacrifices qu'en présence d'un « *magos* » (prêtre). L'« art » rituel de ces « *magoi* » semblait tellement étrange aux Occidentaux que la notion de « magie » (au sens de pratiques rituelles illégitimes) s'est développée à partir de ce qu'ils en percevaient. Les renseignements donnés par les écrivains grecs et latins montrent que ces « *magoi* » remplissaient différentes fonctions sociales : ils étaient entre autres responsables des sacrifices, conseillers et fonctionnaires politiques, éducateurs de l'élite politique mais aussi interprètes des rêves, devins et maîtres de sagesse.

Le sacerdoce zoroastrien a toujours été réservé aux hommes, mais les tâches et les formes d'organisation du clergé ont connu des changements plus ou moins importants au cours des siècles, sans compter les particularités régionales, sans doute plus marquées dans l'Antiquité. Sous la dynastie des Sassanides, du IIIe au VIIe siècle, existait sans doute une hiérarchie fonctionnelle apparemment calquée sur les hiérarchies politiques. Cet appareil clérical n'a néanmoins pas pu se maintenir en place lors de l'islamisation progressive du pays après la conquête arabe de l'Iran, au VIIe siècle. Cette disparition a eu des conséquences importantes, notamment sur la théologie savante, qui, à partir du Xe siècle au plus tard, n'a pas réussi à rester à la hauteur des débats culturels dominants (essentiellement islamiques).

## Formation, ordination, fonctions et titres

Les questions théologiques ne jouent pas un rôle très important dans la formation traditionnelle des prêtres, qui vise plutôt à former des spécialistes de rituels. Les candidats – en général de jeunes garçons – commencent par apprendre par cœur les textes avestiques qu'il leur faudra réciter lors des rituels. Pour des raisons à la fois pratiques et idéologiques – la parole transmise oralement est considérée comme supérieure au texte écrit –, il est indispensable que les textes soient « inscrits » dans la mémoire des futurs prêtres par un processus de mémorisation qui occupe plusieurs années. Les candidats doivent par ailleurs se familiariser avec les actes et les gestes concrets des rituels. Cette formation au sacerdoce se déroule traditionnellement dans certains temples du feu, sous la direction de prêtres expérimentés et respectés. En Inde, cependant, presque tous les candidats sont désormais formés dans l'un des deux internats de Mumbai, les enfants fréquentant une école normale le matin.

L'ordination à laquelle prépare cette formation doit avoir lieu avant le début de la puberté, en raison de la pureté des enfants et de leur intégrité physique, autre condition à l'admission au sacerdoce. Les enfants mémorisent en outre les textes plus facilement que les adultes. En Inde aujourd'hui, les candidats au sacerdoce ont entre neuf et treize ans. L'ordination est une longue cérémonie qui comprend, entre autres, l'accomplissement du rituel compliqué de purification du *barashnum*. Quelques années plus tard a lieu une deuxième ordination sacerdotale (en Inde en tout cas), généralement réservée à ceux qui veulent pouvoir travailler en tant que prêtres.

Ces prêtres actifs qui ont subi la deuxième ordination sont appelés *mobed* (pour les différencier des *ervad*, dont le sacerdoce n'est pas l'activité professionnelle principale). Dans certains temples importants officient en outre des prêtres qui ont le titre prestigieux de *dastur* et auxquels on reconnaît une autorité spéciale. Le symbole de leur fonction est une écharpe qu'ils portent par exemple lorsqu'ils paraissent dans des rassemblements ou qu'ils célèbrent des mariages ou des rituels d'initiation. Mais de nos jours, le nombre des *dastur* ne se compte plus que sur les doigts d'une seule main.

En Iran, où, à la différence de l'Inde, on ne connaît qu'un seul niveau d'ordination à la prêtrise, la désignation et la répartition des tâches des prêtres se sont développées de manière quelque peu différente. Une divergence notable est qu'en Iran, chaque prêtre est au service d'une localité particulière (sa « paroisse »), conformément à un système de compétences locales. Il y avait autrefois un grand prêtre à Yazd et à Kerman, les deux « capitales » des zoroastriens iraniens, dont le pouvoir a été transféré à des organismes collectifs (des conseils de prêtres) dans la première moitié du XXe siècle. Aujourd'hui, l'autorité principale revient au Conseil des prêtres de Téhéran.

L'image de la profession du prêtre zoroastrien a beaucoup changé en Iran dans la seconde moitié du XXe siècle. De nos jours, seuls des adultes sont ordonnés prêtres, et la plupart n'exercent le sacerdoce qu'à titre d'activité secondaire. Lors de leur formation, on attache désormais beaucoup moins d'importance à l'acquisition de compétences en matière de rituel, comme la mémorisation des textes, que le prêtre peut lire dans un livre même lors de cérémonies. Les prêtres iraniens ne maîtrisent plus les rituels les plus élaborés que sous une forme condensée. Cette limitation de la pratique religieuse a été voulue et mise en œuvre de façon délibérée par l'élite sociale et intellectuelle moderne : de nombreux rituels traditionnels sont considérés comme religieusement superflus (« dépourvus de signification ») voire comme des résidus de paganisme.

Un autre changement important qui s'est produit au cours des dernières décennies réside dans le fait que l'on a confié des tâches sacerdotales à des laïcs également. Ceux-ci suivent une formation spéciale et reçoivent une attestation du Conseil des prêtres de Téhéran sans pour autant subir d'ordination sacerdotale. En février 2011, des femmes ont été nommées dans cette fonction pour la première fois.

## Prêtres et laïcs : l'autorité et le marché

Le prêtre masculin, barbu et « pur », est à bien des égards l'incarnation du zoroastrien par excellence – ce n'est pas un hasard si, dans les peintures modernes, Zarathoustra est habituellement représenté en habit de prêtre (voir fig. 1). À l'inverse, si les exégètes modernes et « éclairés » considèrent Zarathoustra comme un héros, c'est précisément parce qu'il se serait opposé aux anciens prêtres de rituel, avec leur culte sauvage et immoral. De manière caractéristique, ces interprétations contestant l'hypothèse selon laquelle Zarathoustra était un prêtre sont généralement avancées par des hommes qui sont eux-mêmes des laïcs ou des prêtres n'exerçant pas de fonction sacerdotale.

Pour l'accomplissement de certains rituels, les prêtres doivent se trouver dans un état de « pureté » (voir ci-dessus p. 96). Cette obligation les conduit à mener un style de vie particulier qui a longtemps entraîné une relative ségrégation sociale du clergé, renforcée par la nature héréditaire du sacerdoce, auquel seuls les descendants mâles des familles de prêtres avaient le droit d'aspirer. Jusqu'au XX^e^ siècle, il était courant que les prêtres ne choisissent leur épouse qu'au sein de familles de prêtres, et d'après les normes anciennes, ils ne devaient manger que des aliments préparés par des membres de ces mêmes familles. Lorsqu'ils travaillent, les prêtres portent des vêtements blancs et un turban.

De même que la femme doit obéissance à son mari (voir ci-dessus p. 104), les laïcs, selon certains textes persans, doivent se soumettre aux prêtres : chaque croyant est tenu de se choisir une divinité protectrice ainsi qu'un « prêtre personnel » qui sera son mentor et dont il devra suivre les directives. Mais il faut noter que ces textes ont été eux-mêmes écrits par des prêtres, qui entendaient sans doute

*Fig. 1 : Portrait moderne de Zarathoustra, suspendu à des guirlandes de fleurs (Inde). Le « prophète » barbu, debout sur le globe terrestre, porte la robe sacerdotale avec la coiffe, les pantoufles et une ceinture dorée. Dans sa main gauche, il tient le bâton terminé par une tête de vache que l'on donne aux prêtres zoroastriens novices au terme de leur initiation. La tête du « prophète » est entourée à l'arrière-plan d'un nimbe de lumière. Photo : Archives Michael Stausberg*

asseoir ainsi leur autorité religieuse. Ces mêmes textes vont jusqu'à affirmer que les mérites obtenus sans, voire contre les indications du « prêtre personnel » ne seront pas comptés à l'actif du croyant dans l'au-delà – et que quelqu'un qui omet de faire une bonne action en ayant négligé de demander le conseil spirituel de « son » prêtre commet deux péchés à la fois : ne pas avoir consulté le prêtre et ne pas avoir fait la bonne action.

On peut se demander si ce discours sacerdotal a jamais correspondu à l'autorité et au pouvoir réels du clergé, ou s'il n'exprime pas plutôt ce que souhaitaient imposer les prêtres. Il est difficile d'évaluer l'influence du clergé sur la vie religieuse des laïcs à l'époque prémoderne, d'autant plus que tous les documents historiques ont été rédigés par des prêtres. Il faut en outre tenir compte des différences régionales, ainsi que des différences entre le clergé de haut rang et le clergé ordinaire.

Considérer la dimension économique des relations entre prêtres et laïcs permet de relativiser ces ambitieuses revendications des écrits sacerdotaux. Étant donné que les prêtres vivent de leur profession, ils doivent s'assurer le généreux soutien des laïcs, et, à cet effet, s'efforcent de persuader ceux-ci du caractère indispensable des tâches qu'ils sont les seuls à pouvoir accomplir. Il s'établit ainsi une relation de dépendance mutuelle : tant que les laïcs supposent que leur salut et celui de leurs proches dépendent de l'intervention rituelle des prêtres, ils sont prêts à les soutenir financièrement. De leur côté, afin de « fidéliser leur clientèle », les prêtres doivent veiller à garantir une certaine qualité dans leurs prestations de service et à soigner leur réputation personnelle. Si l'offre de services en matière de rituels dépasse la demande, les prix risquent de baisser (et en conséquence les revenus des prêtres). Il est donc important pour le clergé que les laïcs nouent des relations de loyauté personnelle avec un prêtre ou une famille de prêtres. Les « prêtres personnels » que l'on rencontre en Inde offrent donc en général tout un ensemble de services, qui comprenaient même autrefois l'organisation pratique des festivités (repas compris).

Depuis le XIXe siècle, en Inde d'abord, le sacerdoce est entré dans une crise grave dont les raisons sont sociales et économiques, mais aussi intellectuelles. Face à la menace que représentaient les missionnaires chrétiens, qui avaient obtenu quelques succès limités auprès des zoroastriens indiens, de nombreux intellectuels se sont déclarés insatisfaits du clergé zoroastrien, critiquant le manque de compétence théologique des prêtres, sans doute à même de réciter de nombreux textes, mais incapables d'expliquer correctement leur religion. Le nombre de prêtres en activité a par ailleurs fortement diminué car de nombreux fils de prêtres – et surtout les plus intelligents et les plus zélés – se sont mis à choisir des professions « laïques » qui leur promettaient un meilleur revenu, un plus grand prestige social et une vie plus agréable et plus intéressante. Il y a de nos jours si peu de prêtres en activité qu'il est devenu impossible de satisfaire pleinement la demande en services pour des rituels – les prix ont donc augmenté et les prêtres disposent de meilleurs revenus. En Iran, le déclin du nombre de prêtres au XXe siècle a été encore plus dramatique, raison pour laquelle on fait maintenant appel à des prêtres laïcs.

## Les temples

Les temples, appelés « temples du feu », constituent de nos jours le lieu de travail de la plupart des prêtres indiens. Cela n'a pas toujours été le cas et n'a rien de nécessaire, car les rituels peuvent tout aussi bien être célébrés dans des habitations privées, à condition d'assurer la pureté rituelle (par exemple, qu'aucune personne d'une autre religion ne soit présente dans les lieux en question).

En Iran, surtout dans les anciennes localités zoroastriennes, la plupart des rituels privés sont encore effectués au domicile des personnes concernées ; certaines familles conservent d'ailleurs la maison qu'elles possèdent à cet endroit uniquement à cette fin, alors qu'elles-mêmes vivent à Téhéran. Une des raisons de ce choix est de pouvoir accomplir les cérémonies pour l'âme des défunts là où ces derniers ont vécu et où ils sont encore présents spirituellement. Dans ces localités, on fréquente les temples plutôt à l'occasion des fêtes collectives et pour le culte du feu (voir plus loin, p. 123 *sq.*).

En Inde, il n'y a longtemps eu qu'un seul temple central, auquel d'autres sont venus s'ajouter peu à peu. Mais à partir de la fin du XVIII^e siècle, on assiste à un grand essor des temples : plus d'une centaine d'édifices ont été construits et consacrés jusqu'au début du XX^e siècle, non seulement à Mumbai et dans les lieux d'implantation zoroastrienne historique, mais aussi dans la plupart des villes où des zoroastriens s'étaient installés depuis le XVIII^e siècle. À l'exception des prières privées, la plupart des activités rituelles se déroulaient désormais dans les temples. En Inde, les personnes d'autres religions n'ont toujours pas accès aux temples, et toute transgression est passible de sanction. En Iran, cet aspect a changé au cours des dernières décennies : les grands temples urbains de Téhéran, Yazd, Kerman et Ispahan sont régulièrement visités par des groupes de touristes étrangers et par des Iraniens s'intéressant à l'ancienne religion de leur pays, qui était peut-être aussi celle de leurs ancêtres.

Nous avons peu de connaissances certaines sur l'origine et l'histoire ancienne des temples du feu zoroastriens – et là encore, il faut tenir compte de variantes régionales. Un certain nombre de ruines remontant à l'époque préislamique ont pu être interprétées avec quelque vraisemblance comme étant celles de temples zoroastriens, et plusieurs mosquées islamiques auraient été édifiées sur l'emplacement probable d'autres temples disparus. Nous savons également très peu de choses sur l'architecture et l'apparence des anciens temples du feu : les ensembles les plus anciens existant encore ne nous sont pas d'une grande utilité, car ils remontent au mieux à quelques siècles, et nombre d'entre eux ont connu bien des transformations au cours de leur histoire.

À partir du XIXe siècle, les temples ont souvent pris un caractère d'apparat de plus en plus marqué : alors que les premiers édifices se distinguaient extérieurement à peine d'une maison d'habitation, les façades furent désormais décorées d'ornements et de symboles qui les rendaient immédiatement reconnaissables par tout le monde comme des temples du feu zoroastriens (voir fig. 2).

Le langage symbolique de ces décorations reprend des éléments architecturaux des palais et des nécropoles des souverains achéménides, qui ont régné sur l'Iran et les contrées voisines du VIe au IIIe siècle avant notre ère. Ces références entendaient sans doute manifester la prétention des zoroastriens à être les descendants légitimes de cette grande dynastie, ce qui plaçait leur religion au rang des grandes religions de l'Antiquité. À côté d'éléments à caractère plutôt ornemental, on y rencontre souvent la représentation d'un homme barbu dans un disque solaire ailé (voir fig. 3), qui est devenu à l'époque moderne le symbole par excellence de la religion de Zarathoustra.

*Fig. 2 : Façade de l'Anjuman Atash Bahram (Mumbai), inauguré en 1897. La façade est décorée de différents motifs empruntés à Persépolis. Photo : Parsiana, Mumbai*

*Fig. 3: Persépolis, porte d'Artaxerxès (465-424 avant notre ère). Détail: homme barbu (au-dessus du roi) dans un disque solaire ailé avec de «petites jambes». Il tient dans la main gauche l'anneau (du souverain). Photo: WikiCommons*

On le porte volontiers en épingle ou en collier, ce que font même, en Iran, des personnes qui ne sont pas zoroastriennes mais s'en servent pour affirmer leur identité culturelle. Ce type de signature religieuse symbolique est un élément spécifiquement moderne: on ne trouve aucune trace d'un symbole similaire aux époques prémodernes.

En Inde, les temples les plus importants, qui disposent d'une plus grande variété de pièces, comportent généralement des lieux séparés pour accomplir les rituels de purification. Il est indispensable qu'il y ait un puits (en Inde) ou un canal d'eau (en Iran), ainsi qu'une cuisine pour la préparation des aliments consacrés lors des rituels. Dans les cuisines des temples iraniens, on trouve souvent d'énormes marmites pour préparer soupes et ragoûts, ainsi que des fours pour cuire les pains, qui seront ensuite consommés par les personnes assistant aux rituels. Les temples comprennent en outre plusieurs salles de séjour et des resserres, ainsi qu'au moins une grande salle de prière et de réunion, où sont souvent accrochés des portraits en grand format des fondateurs du temple et du « prophète » Zarathoustra. Les deux éléments essentiels de ces temples restent néanmoins la salle de cérémonie et la chambre du feu.

## Le feu sacré et les chambres du feu

Revêtue d'un sol en pierre, la chambre où brûle le feu sacré est généralement surmontée d'une petite coupole dans laquelle des ouvertures permettent à l'air de s'échapper. Afin d'éviter que les rayons du soleil n'arrivent jusqu'au feu ce qui est interdit –, cette coupole est généralement recouverte à son tour, de sorte qu'elle n'est pas visible de l'extérieur.

Dans les temples indiens, les feux sacrés brûlent dans de grands vases d'apparat en argent (donnés par des bienfaiteurs), ce qui est aussi le cas en Iran depuis le XIXe siècle. Dans de nombreux temples iraniens anciens, les chambres du feu étaient fermées au public : seuls certains prêtres avaient accès à ces petites pièces, le feu sacré restant ainsi invisible pour le public. Dans des buts rituels, on pouvait placer un peu de braise du feu sacré sur un piédestal situé à l'extérieur de la chambre du feu. On en trouve aujourd'hui encore dans de nombreux temples et sanctuaires iraniens (voir fig. 5, p. 133), parfois sous forme de tables ou de support métalliques. Les croyants entretiennent eux-mêmes ces feux avec de l'huile et y font brûler des parfums.

On considère généralement que c'est un péché de laisser un feu s'éteindre par inadvertance. En outre, le feu ne devant pas entrer en contact avec des sécrétions corporelles, les zoroastriens évitent ordinairement de souffler les bougies (ils le font pourtant de nos jours, par exemple aux anniversaires d'enfants). Ces règles sont observées plus scrupuleusement encore pour les feux sacrés, dont l'extinction est considérée comme une catastrophe religieuse. En Iran toutefois, on faisait parfois refroidir de manière contrôlée certains feux – par exemple ceux sur lesquels on avait fait cuire des aliments à plusieurs reprises – en en déposant les cendres sur un feu de rang supérieur.

Un feu devient un feu sacré à la suite d'un rituel de consécration : il est alors considéré comme une « personne » religieuse à part entière, et ne peut en principe ni être divisé ni être fusionné avec d'autres feux sacrés (cette règle comporte des exceptions, comme il arrive souvent). Nous ne savons pas comment le feu était consacré dans l'Antiquité. À l'époque moderne, différentes procédures de consécration plus ou moins complexes se sont développées, qui ont connu quelques modifications au fil du temps. Les feux sacrés relèvent de catégories différentes en fonction de la procédure de consécration qu'ils ont subie.

La catégorie la plus élevée est celle de l'Atash Bahram (« feu *bahram* », c'est-à-dire feu de la divinité Bahram ou « feu de la victoire »). Huit feux de ce type brûlent en Inde, dont quatre à Mumbai, qui ont été consacrés et « intronisés » entre la fin du XVIII^e^ et la fin du XIX^e^ siècle. La consécration et l'« intronisation » d'un tel feu constituent un processus nécessitant la participation de plusieurs prêtres pendant près d'un an. Tout commence par une purification du feu : on rassemble seize catégories de feux contaminés à des degrés différents (par exemple, le feu dans lequel on brûle les cadavres, le plus impur de tous), qui sont recueillis selon certaines procédures, purifiés et épurés par de nombreux rituels avant d'être finalement réunis en un seul feu. Celui-ci est ensuite transféré de manière solennelle dans la chambre du feu du temple, qui a également été purifiée et consacrée au préalable, et où il est « intronisé » de manière solennelle.

Il existe aujourd'hui trois catégories de feu, auxquelles correspondent des formes de comportement rituel particulières. Les prêtres qui s'occupent d'un feu *bahram* doivent satisfaire à des exigences spéciales, notamment en se maintenant dans un haut degré de pureté rituelle. Tous les feux sacrés doivent être entretenus rituellement plusieurs fois par jour – en principe à cinq reprises, une fois à chaque moment rituel de la journée (voir ci-dessus p. 97). À ces occasions, on ajoute au feu du bois soigneusement séché après avoir accompli des rites élémentaires de purification et prononcé quelques prières, notamment en récitant un texte avestique, l'« éloge du feu ». À certains mots de cet éloge du feu, le prêtre frappe une cloche suspendue dans la chambre du feu, afin d'être entendu depuis l'extérieur. Cette séquence comprend des variantes plus ou moins complexes suivant la catégorie de feu. Dans le cas de l'Atash Bahram, l'éloge du feu est répété plusieurs fois, et le bois doit être empilé selon une disposition particulière, sous forme d'un « trône ». À l'opposé, dans le cas de la catégorie de feu la plus simple, ou la plus basse, même des laïcs sont autorisés à entretenir le feu, à condition toutefois qu'ils se trouvent dans un état de pureté rituelle.

L'entretien du feu au début de chaque phase rituelle de la journée peut être une occasion pour les croyants de se rendre au temple. Ils ne sont néanmoins pas liés à ces horaires, mais peuvent y venir à tout moment pour une prière individuelle. Une telle visite implique de se plier à quelques règles de conduite (par exemple, avoir la tête couverte) et d'effectuer plusieurs actes rituels conduisant le fidèle dans différentes parties du temple (ces procédures ne concernent que l'Inde). La visite du temple culmine dans la chambre du feu, où le croyant prie en regardant le feu et lui offre un morceau de bois de santal parfumé par l'intermédiaire du prêtre, en échange de l'application de quelques cendres du feu sacré sur son front.

**Les salles de cérémonie et les liturgies**

À côté du puits ou du canal d'eau et de la chambre du feu, le troisième élément structurel principal des temples est la salle de cérémonie. Dans le sol en pierre de cette salle sont creusées des rigoles formant un rectangle qui délimite un espace rituel d'environ trois mètres et demi de long sur deux mètres de large, dans lequel les prêtres célèbrent une certaine catégorie de rituels. Comme ils sont accomplis « à l'intérieur » de ces délimitations, on les appelle « liturgies intérieures ».

Selon les classifications, on compte quatre à six rituels de ce type. La principale « liturgie intérieure » est le Yasna, dont l'exécution demande au moins trois heures, car on y récite l'intégralité du texte avestique de ce nom (qui inclut les textes les plus anciens, dont les Gâthâs, voir plus haut, p. 30 *sq.*). La liturgie du Yasna est célébrée au cours de la première phase rituelle de la journée, c'est-à-dire aux premières heures du matin[1].

Seuls des prêtres particulièrement qualifiés sont habilités à exécuter ces « liturgies intérieures ». Ils sont généralement deux pour les accomplir, l'un des prêtres officiant comme « prêtre principal ». Ils revêtent à cette occasion un vêtement particulier et se servent de certains ustensiles, comme ce que l'on appelle le *barsom*, un faisceau de rameaux (ou, de nos jours, de tiges métalliques) noués ensemble. Pendant tout le rituel, le prêtre principal tient ou touche le *barsom*, qui est posé sur des trépieds métalliques en croissant de lune. Il consacre également une galette très fine de pâte azyme que l'on consomme ensuite.

Dans la plupart des « liturgies intérieures », on prépare et on consacre un breuvage spécial dans un mortier, en deux étapes : on écrase d'abord des rameaux de grenadier et d'éphédra dans de l'eau, puis on ajoute du lait de chèvre pour le deuxième broyage. Ce breuvage est appelé *haoma* ou *parāhōm*, nom désignant aussi la plante elle-même, l'éphédra, pressurée lors du rituel. Les spécialistes se sont beaucoup demandé si l'on utilisait autrefois d'autres plantes qui auraient eu, à la différence de l'éphédra, des propriétés hallucinogènes et extatiques. Les textes religieux évoquent parfois certains effets provoqués par ce mélange qu'est le *haoma*, par exemple à l'occasion de la création du monde, de l'origine de la pluie ou de la naissance de Zarathoustra. D'après un texte en moyen perse, une liturgie particulière du Yasna sera célébrée à la fin des temps, au cours de laquelle on utilisera le « *haoma* blanc » pour ramener les morts à la vie (*Sélection de Zātspram*, 35, 15).

1. Une cérémonie de Yasna a été entièrement filmée et accompagnée d'une transcription du texte récité dans le cadre du Multimedia Yasna Project : https://multimediayasna.wixsite.com/muya.

La récitation de textes rituels et l'offre de nourriture et de boisson aux divinités concernées donnent au Yasna et aux autres « liturgies intérieures » l'apparence d'un banquet rituel. On y « servait » sans doute aussi autrefois de la viande d'animaux abattus rituellement. La dégustation des substances préparées et consacrées est censée produire un effet roboratif (psychosomatique et religieux) sur les prêtres et sur les personnes à la demande de qui est célébré le rituel. Dans la grande majorité des cas, ces rituels sont accomplis pour les âmes des défunts, mais toutes les instances impliquées en bénéficient : les dieux, et en premier lieu Ahura Mazdâ, pour la louange et la satisfaction desquels le rituel est exécuté ; les prêtres qui effectuent le rituel (dans la mesure où ils le font correctement) ; les personnes qui ont demandé qu'on accomplisse ce rituel et qui le financent ; les âmes des défunts pour le bien de qui on a commandé ce rituel ; et d'autres participants éventuels, qui soutiennent le rituel par des prières personnelles et goûtent aux substances consacrées.

En plus de ces dernières, on utilise dans la liturgie de Yasna et les autres « liturgies intérieures » divers ustensiles, comme un anneau auquel sont attachés quelques poils de bovin, et plusieurs coupes et récipients en métal, placés sur une table basse en pierre. À côté de cette table d'accessoires se trouve un grand récipient à eau en métal. Le prêtre principal est assis ou se tient debout sur un siège en pierre. Le vase contenant le feu, dont doit s'occuper le second prêtre, est posé sur une autre petite table en pierre, du côté opposé de l'espace rituel par rapport au siège du premier prêtre. Comme dans tous les rituels où les prêtres sont à proximité d'un feu, ils portent une protection leur couvrant la bouche et le nez (voir fig. 4), destinée à empêcher que leur salive et leur haleine ne contaminent involontairement le feu.

Les espaces rituels dans lesquels se déroulent les « liturgies intérieures » ne sont pas nécessairement situés dans les temples. Il y avait autrefois en Inde de petites maisons séparées dans lesquelles ils étaient installés, mais on pouvait aussi les disposer dans des demeures privées. En Iran, très peu de temples ont des zones rituelles installées en permanence. Les rituels « intérieurs » n'y sont exécutés – dans la mesure où ils le sont – que par sections ou sous une forme très modifiée.

À côté des « liturgies intérieures », il existe un certain nombre de « liturgies extérieures », généralement célébrées sur un tapis ou des tissus marquant l'espace rituel. Elles requièrent des qualifications et des connaissances préalables bien moindres chez les officiants, et même des laïcs peuvent y prendre une part active. Ces rituels sont eux aussi exécutés en premier lieu pour les âmes des défunts (voir fig. 4) – souvent en lien avec des « liturgies intérieures ». On y consacre également des breuvages et des aliments, en premier lieu des fruits – grenades, bananes, dattes, raisins, melons et noix de coco –, en quantité et en diversité d'autant plus grandes que le rituel est plus solennel. En Iran, on offre également des fruits secs, que l'on mélange de manière particulière dans un cadre rituel. Les fruits ou les aliments consacrés sont ensuite distribués aux personnes présentes. Il existe aussi des liturgies au cours desquelles on consacre un repas entier, préparé pour les défunts, choisissant à cet effet les plats préférés des proches. Les « liturgies externes » peuvent également être célébrées pour les vivants, que ce soit en manifestation de gratitude pour un événement heureux (naissance d'un enfant, jubilés) ou au début d'une nouvelle phase de vie (par exemple à l'occasion de l'emménagement dans une nouvelle maison).

*Fig. 4 : Liturgie de Jashan (Taft, sud-ouest de Yazd, Iran). L'espace rituel est délimité par un tissu blanc sur lequel se trouvent les substances qui vont être consacrées. Au fond, des photos des défunts pour qui le rituel est accompli, et, derrière elles, leurs parents. Les deux prêtres portent des protections couvrant la bouche et le nez et établissent un lien rituel entre eux et avec le vase de feu en tenant tous deux un rameau de myrte. Photo : Michael Stausberg*

## Puits et sanctuaires

Avant l'introduction de l'approvisionnement moderne en eau à partir de la fin du XIXe siècle, les puits étaient un élément essentiel de la vie quotidienne en Inde. Aller au puits, surtout pour les femmes, faisait invariablement partie des activités de tous les jours, et pour des raisons qui n'étaient pas seulement pratiques et sociales : les puits étaient également considérés comme des lieux où résidaient des esprits ou des divinités, avec lesquels on entrait en contact grâce à des prières ou des offrandes. La fermeture forcée des puits par l'administration urbaine coloniale a mis fin à cette forme de pratique religieuse. Quelques puits subsistent aujourd'hui encore à Mumbai où ils font fonction de sites religieux, comme un ensemble de puits situé dans l'une des rues les plus fréquentées de la ville, où des centaines de zoroastriens accomplissent leurs prières chaque jour. Les puits des temples sont également des lieux où l'on vient dire des prières et où l'on place des lumières. On ne doit pas prier la nuit auprès d'un puits (ce qui arrive malgré tout assez souvent).

En Iran, où les puits ne jouent pas de rôle comparable dans la vie religieuse des zoroastriens, il existe des lieux de pèlerinage et des sanctuaires qui n'ont pas d'équivalent en Inde. On a supposé que ces sites religieux remontaient à l'Antiquité, mais les documents dont nous disposons à leur sujet ne vont que dans de très rares cas au-delà du XIXe siècle. De nos jours encore, on construit de nouveaux sanctuaires et on rénove ou modifie les sites existants. Ces sanctuaires sont de dimensions variées, allant de petites niches murales dans les rues à des édifices indépendants, voire à d'importants ensembles où, à côté des lieux de culte, des bâtiments permettent aux visiteurs d'être hébergés pendant plusieurs jours dans le cadre d'un pèlerinage.

Les six ensembles importants de ce type existant de nos jours sont tous disséminés (à une exception près) dans le désert qui s'étend autour de la ville de Yazd, le plus souvent dans des sites naturels à la fois remarquables et dissimulés – des sources, de grands arbres ou quelque rocher. Il était autrefois très difficile voire dangereux de s'y rendre, mais ils sont aujourd'hui aisément accessibles en voiture. À propos de ces sanctuaires de pèlerinage circulent diverses légendes qui mettent le plus souvent leur création en relation avec la chute du royaume préislamique, puis racontent leur redécouverte miraculeuse à une époque plus récente.

Il y a plusieurs cycles de pèlerinage, mais l'événement le plus important est incontestablement le pèlerinage de juin au « sanctuaire vert » (Pir-e Sabz), dans un site spectaculaire et montagneux, auquel de nombreux zoroastriens se rendent depuis Téhéran voire depuis l'étranger. On voit désormais des photos de Pir-e Sabz aux murs des maisons ou des appartements de la plupart des zoroastriens iraniens, pour qui ce lieu et l'événement qui lui est associé sont pour ainsi dire devenus un élément constitutif de leur identité.

En plus de ces lieux de pèlerinage éloignés que sont les sanctuaires du désert, on trouve dans les agglomérations zoroastriennes de Téhéran, Yazd et Kerman et dans leurs environs nombre de sanctuaires tantôt anonymes, tantôt portant le nom d'une divinité (par exemple Mehr, c'est-à-dire Mithra), d'une figure religieuse (parfois d'origine « étrangère ») ou encore d'un personnage, d'un événement ou d'un lieu à caractère religieux. Certains ont été érigés sur un emplacement où se serait produit un événement miraculeux, d'autres à proximité de curiosités naturelles frappantes. Certains sanctuaires se sont développés à partir de sites qui ont perdu leur fonction économique, par exemple autour de puits. Les rêves ou d'autres expériences singulières jouent souvent un rôle important dans la « découverte » ou la construction de ces sanctuaires, à propos desquels on raconte presque toujours différentes histoires légendaires.

On se rend à certains sanctuaires en des jours fixes, à d'autres lors de festivités, mais dans la plupart des cas, on peut aussi les visiter quand on veut. Les zoroastriens s'y rendent pour prier et allumer un feu sur un piédestal ou un trépied avec de l'encens (voir fig. 5). Dans certains sanctuaires, les femmes accomplissent leurs rituels (voir plus haut p. 105 *sq.*), et dans d'autres, on prépare puis consomme de grands ragoûts, offerts par quelqu'un pour le salut de parents défunts ou pour commémorer certains événements.

*Fig. 5 : Rituel laïc autour d'un piédestal à feu dans un sanctuaire de Zeynabad (région de Yazd, Iran). Photo : Robert Langer*

# Fêtes et célébrations

La journée d'un pieux zoroastrien est théoriquement rythmée par une série d'obligations rituelles : elle commence par une prière et un rituel de purification et se termine de même par une prière. Prières et purifications doivent être effectuées au moins cinq fois par jour. La prière fait toujours partie du quotidien de la plupart des zoroastriens indiens : d'après un sondage récent, 95 % des zoroastriens de Mumbai prient chaque jour, un bon nombre d'entre eux probablement pendant plus d'une heure (aucune enquête comparable n'a été réalisée pour l'Iran ou les pays occidentaux).

Presque toutes les activités quotidiennes – des repas à la défécation en passant par les rapports sexuels – sont plus ou moins réglementées par des rituels. Il est difficile d'évaluer dans quelle mesure la majorité des croyants respectait ces préceptes de conduite par le passé – de nos jours, en tout cas, ils n'en observent au mieux que certains, en les adaptant aux réalités modernes. Le zoroastrien d'aujourd'hui est sans doute d'avis qu'il est plus important de penser, de dire et de faire le bien en toute liberté que de suivre « servilement » les anciennes règles (même s'il est bien entendu impossible de savoir si les zoroastriens pensent, parlent et agissent « mieux » que les adeptes d'autres religions).

Tout comme le déroulement de la journée, ceux de l'année civile et de la vie tout entière de l'individu sont ponctués par la religion et les rituels. La naissance est d'emblée associée à une série de mesures particulières. En Inde, les noms sont souvent attribués en fonction de critères socialement déterminés, d'après le nom des grands-parents, par exemple, ou d'après des considérations astrologiques – et bien sûr aussi au gré des préférences personnelles. En Inde, on prend soin de protéger du mauvais œil l'enfant en bas âge.

Les petits enfants sont déjà autorisés à fréquenter les temples, mais ils sont largement exclus de toute participation active à la vie religieuse. Dans les textes anciens, cette immaturité religieuse des enfants s'accompagne de l'idée que les parents sont responsables des actions de leurs enfants : leurs bonnes actions profitent à leurs parents et leurs mauvaises actions sont inscrites à leur passif.

## La cérémonie de l'habillage avec les vêtements religieux

L'accession à la maturité religieuse et rituelle de l'individu (à son statut de membre actif de la communauté religieuse, pour ainsi dire) se traduit par le fait qu'il est désormais ceint d'un cordon de laine qu'il doit toujours porter autour du corps. Ce cordon appelé *kustī*, qui autrefois ressemblait sans doute davantage à une ceinture, est fabriqué et consacré selon une procédure bien définie. Le port du *kustī* est considéré dans les écrits sacerdotaux zoroastriens jusqu'à l'époque moderne comme l'un des devoirs religieux fondamentaux de tous les croyants. Le cordon ne doit pas être au contact de la peau nue – ce serait même un péché : on le porte sur un maillot de corps en coton, également fabriqué selon certaines règles, appelé *sudra* ou *sadreh*.

Les textes en moyen perse présentent le port du *kustī* comme un signe de la servitude de l'homme envers son dieu. Cette interprétation n'est plus vraiment admise à l'époque moderne : elle contredit trop l'idée de libre autodétermination que beaucoup considèrent comme un thème essentiel de la prédication de Zarathoustra. Les exégètes modernes préfèrent insister sur le symbolisme numérique du cordon : les soixante-douze fils de laine d'agneau avec lesquels les femmes le confectionnent renverraient ainsi aux soixante-douze chapitres du Yasna avestique.

Lors du rituel du *kustī*, le croyant détache puis rattache son cordon (voir ci-dessus p. 97). Ce rituel doit être accompli plusieurs fois par jour, ainsi que, par exemple, au moment d'entrer dans un temple ou au début d'autres cérémonies pour lesquelles le port de la chemise et du cordon est une condition *sine qua non*. Le zoroastrien doit être ceint du cordon et vêtu de la chemise afin de pouvoir participer pleinement à la vie religieuse de la communauté. L'importance de cet élément fait que la question de l'appartenance à la communauté religieuse se ramène à celle de savoir qui a le droit d'être revêtu de la chemise et ceint du cordon. En Inde, on s'en tient à la règle selon laquelle seuls ont ce droit les descendants (masculins) de zoroastriens (voir ci-dessus p. 11). La même chose vaut en fait aussi pour l'Iran, ne serait-ce qu'en considération du contexte politique général. Mais dans les autres pays, des prêtres iraniens zoroastriens et les représentants du mouvement « néo-zoroastrien » (voir ci-dessus p. 16) ont déjà revêtu de la chemise et du *kustī* des centaines de personnes

– surtout des hommes – qui venaient d'une autre communauté religieuse ou qui étaient sans religion. En Inde, cette cérémonie se fait quand l'enfant a entre sept et onze ans ; en Iran, où elle est souvent célébrée pour tout un groupe d'enfants en même temps, ceux-ci sont un peu plus âgés ; chez les « néo-zoroastriens », elle est réservée aux adultes.

Le déroulement de cette cérémonie présente quelques différences entre l'Inde et l'Iran. Les postulants doivent avoir au préalable mémorisé au moins les principaux textes de prière. En Inde, ils se soumettent à un rituel de purification qui, comme l'habillage proprement dit, est effectué par un prêtre (voir plus haut p. 98). Dans la partie principale du rituel, le prêtre revêt l'enfant de la chemise et dirige ses mouvements pour nouer le cordon pour la première fois, en se tenant derrière lui (voir fig. 6). L'habillage est précédé par une confession des péchés (voir ci-dessus p. 99), généralement récitée par le prêtre à la place de l'enfant. Une fois ce dernier revêtu de la chemise et du cordon, le prêtre trace un signe de bonne fortune de couleur rouge sur son front et lui offre des objets qui portent bonheur pris sur un plateau métallique, comme une noix de coco – autant d'éléments que nous connaissons déjà par les rituels féminins. Pour finir, le prêtre prononce des formules de bénédiction à l'adresse de l'enfant, qui est maintenant assis en face de lui et sur qui il jette (du moins en Inde) des pétales de rose, des grains de riz, des graines de grenade et des copeaux de noix de coco.

Après la partie religieuse de la cérémonie, il y a généralement une grande fête, avec un banquet et des cadeaux pour l'enfant. La plupart des participants n'arrivent qu'à ce moment, lorsque l'habillage religieux et la bénédiction ont déjà eu lieu. L'importance prise par la dimension sociale de cette cérémonie a conduit beaucoup de croyants à la

*Fig. 6 : Initiation d'une jeune fille à Yazd (Iran). Le prêtre et la postulante tiennent ensemble le cordon (kustī). Dans l'espace rituel sont disposés des cônes de sucre verts, un vase avec des persistants et les sucreries à consacrer, qui seront ensuite distribuées aux personnes présentes. Photo : Just Boedeker*

reporter en début de soirée ; mais les personnes particulièrement pieuses insistent pour célébrer ce rituel dès le matin, comme c'était sans doute la pratique générale par le passé.

## Les mariages

Tout comme le premier habillage religieux des enfants, les mariages sont considérés par les zoroastriens indiens comme des « occasions prometteuses de bonheur ». Les rituels par lesquels on célèbre ces deux événements présentent donc un certain nombre de similitudes. Dans les deux cas, la cérémonie est précédée du même rite de purification, et la séquence rituelle qui se déroule sous l'égide du prêtre se termine par une bénédiction ; et dans les deux cas, des femmes accomplissent des rituels de bon augure (voir ci-dessus p. 107), des objets qui portent bonheur jouent un rôle important, et la cérémonie se clôt par une fête grandiose avec de la nourriture à profusion. La présence d'un grand nombre d'invités, traités de manière princière, est une question d'honneur et de prestige social.

On prépare volontiers à ces occasions certains plats classiques de la cuisine parsie traditionnelle : le poisson est considéré comme un plat particulièrement « prometteur de bonheur ». Les repas sont servis sur de longues tables en bois et souvent sur des feuilles de bananier au lieu d'assiettes, en souvenir des temps anciens. Les parents proches, et parfois d'autres convives, portent des vêtements zoroastriens indiens : les femmes, des saris ornés, comme on en importa autrefois de Chine, et les hommes, des robes blanches avec des chapeaux noirs. Le premier habillage religieux des enfants et le mariage ne sont pas seulement des affaires familiales, mais aussi des événements sociaux au cours desquels les zoroastriens indiens se présentent comme une communauté ethnique florissante, partageant une religion, une histoire, une langue, des vêtements, une cuisine et des liens de parenté étroits.

Par rapport aux cérémonies d'habillage religieux des enfants (qui font fonction de rites d'initiations), les mariages sont plus complexes, ne serait-ce que parce que deux familles y sont impliquées, qui nouent entre elles de nouvelles relations de parenté. Ils sont donc précédés de plusieurs rites préparatoires et de rencontres entre les deux familles, notamment entre les parents des futurs époux – de nombreux mariages étant encore décidés par les parents. Autrefois, différents rites sociaux prenaient place pendant les deux semaines précédant le mariage (et plus particulièrement durant les quatre derniers jours) mais, actuellement, ils se déroulent le plus souvent au cours d'une seule journée, voire le matin même de la cérémonie, et ne sont accomplis que par sections. L'un de ces rites est la plantation d'un jeune manguier.

La création de nouveaux liens familiaux est mise en scène pendant la cérémonie de mariage, célébrée en présence de témoins et sous la direction d'au moins deux prêtres – les prêtres respectifs des deux familles –, qui font également signer le contrat de mariage légal. L'élément le plus populaire de la cérémonie de mariage se déroule de la manière suivante : les mariés sont assis l'un en face de l'autre sans pouvoir se voir car ils sont séparés par un tissu en coton. L'un des prêtres joint les mains des deux futurs époux sous le tissu en les entourant trois fois d'un fil de coton. Il entoure ensuite les chaises sept fois avec le même fil, tout en murmurant certaines formules. Lorsque cette opération est terminée, on laisse tomber le tissu, les mariés se délient les mains et se lancent mutuellement du riz, le but étant d'être le premier à toucher l'autre – celui ou celle qui y parvient aura, dit-on, plus d'autorité dans le couple.

Ce rite est inconnu des zoroastriens iraniens, mais les célébrations iraniennes présentent elles aussi quelques particularités, par exemple à propos des objets portant bonheur. Les membres les plus proches des deux familles s'offrent ainsi à plusieurs reprises de grands cônes de sucre enveloppés dans du papier glacé vert, décorés, entre autres, de motifs de cyprès. Il est indispensable qu'il y ait lors de la cérémonie des miroirs dans lesquels on se regarde en certains moments précis (comme dans les mariages musulmans iraniens). Après le mariage, les nouveaux mariés, accompagnés du prêtre, marchent main dans la main autour d'un feu – comme s'il s'agissait d'assermenter ce lien pour toute la vie en présence du feu (cela fait également partie des ordinations sacerdotales iraniennes). Là où il y a du feu doit aussi se trouver de l'eau : traditionnellement, le lendemain du mariage, on accomplit un rituel pour vénérer ou « renforcer » l'eau.

Si on les compare avec des descriptions du XVIII^e^ ou du début du XIX^e^ siècle, les coutumes actuelles semblent à bien des égards plus simples et plus condensées. Il existe également des différences frappantes entre les mariages célébrés dans la grande ville de Téhéran et ceux des villages de la province de Yazd, où ils se déroulent parfois encore au domicile des intéressés et où la mariée porte toujours un long voile vert, tandis que dans les villes ont été adoptées les robes de mariée blanches de conception occidentale. Comme en Inde, le banquet de fête joue également un rôle important dans les mariages, mais en Iran, nul ne songerait à y venir en tenue « traditionnelle », car les anciens vêtements ont depuis longtemps été rejetés comme des reliques de la discrimination, de la pauvreté et de l'ignorance. Alors que, dans les villages, on chante et on joue du tambour, dans les villes, on diffuse de la musique enregistrée. Ces dernières années, on a intégré, dans les villes, quelques éléments légèrement érotisés au déroulement des festivités : le geste de découper gâteau de mariage avec un couteau apporté au préalable dans une danse ostentatoire est aussi spectaculaire que le premier baiser public. Tous deux se déroulent tard dans la soirée, au son de musique pop persane, sous un tonnerre d'applaudissements du public.

## Les « tours du silence »

Nous avons déjà rencontré l'interdiction de l'enterrement formulée dans la *Loi antidémoniaque* de l'Avesta ainsi que les prescriptions de base pour les funérailles (voir ci-dessus p. 81). Les témoignages archéologiques et de nombreux autres textes de l'Antiquité dessinent toutefois un tableau moins uniforme des rites funéraires réellement pratiqués.

Il convient d'abord de distinguer deux étapes dans les cérémonies funéraires – la sépulture primaire et la sépulture secondaire : Hérodote écrit, par exemple, que le cadavre est d'abord « déchiré par les oiseaux ou par les chiens » avant d'être enrobé de cire et « confié à la terre » (*L'Enquête*, I, 140). Le processus des funérailles comprenait donc deux moments distincts : le traitement que les oiseaux de proie et les chiens font subir au cadavre, puis l'inhumation, lors de laquelle on prenait manifestement grand soin de protéger la terre de toute contamination en enrobant de cire la dépouille du défunt.

C'est aussi la fonction que semblent avoir eue les tombes monumentales des souverains achéménides creusées à même la roche que l'on peut encore admirer à Persépolis et à Naqsh-e Rostam. La roche ou la pierre est particulièrement appropriée à cet usage car elle est considérée comme un matériau qui ne se laisse pas contaminer par l'impureté (voir ci-dessus p. 51-52). D'autres monuments funéraires antiques servaient apparemment aussi à conserver les ossements préalablement dépecés par les chiens et les oiseaux.

Ce n'est qu'à l'époque islamique qu'est apparu un type d'installations funéraires qui a conféré au zoroastrisme une certaine notoriété, au point d'être mentionné dans la plupart des guides de voyage : ce qu'on appelle les « tours du silence ». La nouveauté de ce dispositif, que l'on a continué à développer en Inde, est que les deux moments des funérailles se déroulent désormais dans un seul et même lieu. Ces édifices étaient en général utilisés collectivement et remplissaient une fonction de mausolée. Les « tours du silence » devaient être érigées dans les endroits les plus reculés possibles – les développements urbains ultérieurs ont toutefois conduit à les intégrer dans des zones habitées – et leur construction ainsi que leur consécration étaient (du moins en Inde) des procédures élaborées et compliquées.

Le modèle le plus fréquent de ces « tours » – qui ont connu d'autres variantes jusqu'au XIX^e^ siècle – consiste en une surface de pierre circulaire fermée, entourée de murs, avec une dépression centrale : les cadavres y étaient déposés sur le sol en pierre par des personnes habilitées à le faire (les « maîtres des cadavres »), où, exposés à ciel ouvert et à la lumière du soleil, leur chair était dévorée en quelques heures par des oiseaux charognards. Les os restants étaient ensuite séchés par le soleil et finalement transportés dans la dépression centrale, où ils se pulvérisaient au fil du temps. En Inde, ces édifices sont équipés d'un système de filtrage sophistiqué destiné à empêcher que l'eau de pluie ayant été en contact avec les cadavres ou les squelettes ne parvienne dans la nappe phréatique. En Iran, les conditions climatiques et la nature du sol ont rendu cette mesure superflue : les « tours du silence » y ont été érigées de préférence sur les crêtes des montagnes (voir fig. 7). Deux de ces tours, situées près de Yazd, comptent parmi les attractions touristiques les plus célèbres du pays, alors qu'en Inde, les touristes ne sont pas même autorisés à s'en approcher.

*Fig. 7 : Tour du silence (dakhma) de la fin du* XIX*e siècle à Cham (Iran). Photo : Michael Stausberg*

En contrebas des tours de Yazd, on trouve des bâtiments secondaires en terre glaise, qu'on laisse malheureusement se dégrader de plus en plus. Il s'agissait pourtant de parties constitutives importantes de ces ensembles funéraires : c'était là que les proches se tenaient après les funérailles pour prier et prendre leurs repas. Il y avait aussi toujours au moins un bâtiment dans lequel brûlait un feu qui irradiait pendant la nuit vers la « tour », où sa lumière pouvait même pénétrer par une petite ouverture. En Inde aussi, un petit temple du feu se trouve généralement à proximité des « tours », voire, à Mumbai, plusieurs petits bungalows où ont lieu de nos jours une grande partie des rituels funéraires qui se déroulaient sans doute autrefois principalement au domicile de la famille.

Les « tours du silence » suscitent des controverses au sein des communautés indiennes : leur utilisation est rejetée comme « obsolète » par leurs opposants, tandis que leurs défenseurs voient en elles une institution égalitaire et écologique répondant à une obligation religieuse. Ce système traverse toutefois une crise depuis quelques années, car nombre de vautours charognards meurent en Inde d'insuffisance rénale à la suite de l'absorption de restes de diclofénac, substance médicamenteuse présente dans les cadavres d'animaux domestiques. On essaie d'y remédier en accélérant le dessèchement des cadavres à l'aide de panneaux solaires.

En Iran, les « tours du silence » ont été progressivement remplacées par des cimetières entre les années 1930 et 1970 à l'instigation des élites urbaines, qui poussaient à la modernisation et à la rationalisation de leur religion. Pour parer au danger de contamination de la terre, on isole les tombes par des bacs en béton et on les scelle avec des pierres. Sur les tombes sont placées des pierres tombales, permettant à de modestes formes de culte funéraire individuel de se développer, consistant à venir y déposer des fleurs et d'autres offrandes. On a même édifié de grands mausolées pour des hommes importants et pour les « martyrs » tombés pendant la guerre contre l'Irak, dont la mort témoigne de l'engagement des zoroastriens pour la

République islamique d'Iran (les images de ces « martyrs » sont également portées en procession solennelle une fois par an lors d'une fête spéciale).

On a aussi construit des « tours du silence » dans les implantations de la première diaspora coloniale, par exemple à Aden, à Zanzibar ou en Chine du Sud. Dans les pays du monde « occidental », ce n'est ni possible ni souhaité.

## Les cérémonies funéraires

Le dépôt du cadavre dans une « tour », qui a lieu idéalement le jour même du décès, n'est qu'une partie de cette cérémonie qui sert à isoler le cadavre et à conforter l'âme du défunt. Les funérailles comprennent d'autres éléments : on amène par exemple à plusieurs reprises auprès du cadavre un chien qui doit le regarder (ce « regard du chien » a été supprimé en Iran). Le cadavre est lavé (en Inde, on commence toujours par le laver avec de l'urine de bétail) et enveloppé dans des vêtements blancs servant de linceul. Il est de rigueur que les parents et les amis du défunt assistent aux funérailles, dont un moment essentiel est le chant de la première Gâthâ auprès du cadavre (voir ci-dessus p. 37-38). Après quoi, on se rend en procession – en tenant un morceau de tissu deux par deux – à la « tour » ou à la tombe, dans laquelle est déposé le cadavre. Puis on prie et on se purifie.

Les rites funéraires servent d'une part à se débarrasser du cadavre de telle manière que les parents survivants n'aient pas à souffrir de l'impureté qui en émane, et d'autre part à faciliter le départ de l'âme du défunt du monde d'ici-bas et à lui permettre de réussir son passage vers l'autre monde. Pour cela, il faut pour ainsi dire « encourager » l'âme, en s'adressant régulièrement à elle de façon rituelle et grâce à des mesures comme le chant de la première Gâthâ. Puisque l'âme ne part définitivement pour l'au-delà qu'à l'aube du troisième ou du quatrième jour, on déploie jusque-là une intense activité religieuse, les prêtres accomplissant à plusieurs reprises certains rituels – ce qui représente une charge financière non négligeable pour bien des familles. Des cérémonies commémoratives ont ensuite lieu le dixième et le trentième jour après le décès, ainsi que le « jour du mois » (le trente-et-unième jour) et le jour anniversaire du décès.

En Iran, où s'est à présent développée une nouvelle forme de cérémonie commémorative, les premiers jours suivant le décès d'un proche étaient autrefois consacrés à « réjouir l'âme » : il fallait s'efforcer d'accomplir de bonnes actions et de répandre la bonne humeur, afin d'éviter toute manifestation de tristesse funèbre. Comme pour les mariages, les funérailles iraniennes se distinguent des coutumes indiennes par l'utilisation de certains objets symboliques : on y fait intervenir par exemple une paire de ciseaux, symbolisant la coupure du lien de la vie.

## La fête des morts

Le contact avec les ancêtres ne prend pas fin avec l'ascension de l'âme vers l'au-delà. En dehors des cérémonies commémoratives, les âmes ou les *fravashis* des défunts (voir ci-dessus p. 64 *sq.*) reviennent dans le monde où elles ont vécu une fois par an pendant dix (ou dix-huit) jours. Elles doivent y être dûment reçues et traitées par leurs parents, dans des maisons soigneusement purifiées et parfumées, ce qui, d'après les textes religieux anciens, est l'un des devoirs fondamentaux de tout zoroastrien.

De nombreuses familles iraniennes habitant Téhéran retournent dans leurs anciennes maisons de Yazd à cette occasion.

Les textes s'efforcent de motiver les fidèles en décrivant les conséquences positives ou négatives que peut entraîner un comportement zélé ou négligent. Ils présupposent manifestement qu'il existe une relation d'interdépendance entre les vivants et les morts : si les vivants prennent soin de leurs ancêtres défunts, ces derniers les assisteront de leur mieux ; s'ils se montrent négligents à leur égard, ils ne recevront aucune aide de leur part.

En Inde, lors de la fête des morts, on place dans les temples, sur des supports en forme de table, des vases en laiton ou en argent que l'on garnit régulièrement de fleurs fraîches et d'eau. On dépose également des fruits sur ces « tables des âmes », qui étaient autrefois installées dans une pièce particulière de la maison, et l'on cuisine des plats spéciaux consacrés par des prêtres et dont les parfums délectent les ancêtres défunts.

Les fêtes des morts zoroastriennes en Iran comprennent aussi la préparation et la consécration de plats spéciaux. Pour faire leurs adieux aux ancêtres la dernière nuit de cette fête, les Iraniennes des régions rurales apportent sur les toits des lampes à huile et des récipients contenant des branches de myrte. Juste avant le lever du soleil, on y fait aussi venir du feu dans un brasero et on découpe des fruits (surtout des melons).

De même que la première Gâthâ est chantée lors des funérailles, les cinq derniers jours de la fête des morts sont associés chacun à l'une des cinq Gâthâs et sont donc appelés « jours des Gâthâs ». Du point de vue calendaire également, ces cinq jours sont en dehors du temps « normal » : ils se situent après le dernier jour du dernier mois de l'année.

## Le Nouvel An

Comme dans beaucoup d'autres cultures, la fête du Nouvel An fait suite à la fête des morts chez les zoroastriens. Le jour de l'an, la divinité Rapihwin, qui avait séjourné sous terre pendant plusieurs mois pour protéger les racines des plantes du gel, revient sur terre – et son retour est célébré par une liturgie solennelle. Dans certains temples ou en certains lieux, cette cérémonie n'avait lieu que le troisième jour de la nouvelle année (voire à des dates tout autres). À Yazd, en Iran, les laïcs priaient de manière particulièrement intense lors de la phase de la journée qui porte le même nom. Aujourd'hui toutefois, la salutation à Rapihwin est une cérémonie largement délaissée.

La véritable « grande » fête du Nouvel An n'a pas lieu le premier jour de l'année (après les « jours des Gâthâs »), mais seulement le sixième jour. Ce jour est également considéré comme l'anniversaire de la naissance de Zarathoustra, et plusieurs textes anciens datent de ce même jour certains événements importants des premiers temps de l'histoire.

Le roi originaire Yima (Jamshid en moyen perse ; voir ci-dessus p. 57 *sq.* et p. 67) est tout particulièrement associé à ces festivités. Il convient toutefois de noter que les zoroastriens distinguent deux jours du Nouvel An : le 21 mars, l'équinoxe de printemps, qui est le Nouvel An général en Iran, et la fête religieuse spécifique du Nouvel An des zoroastriens, célébrée en juillet ou en août. Comme les calendriers religieux courants des zoroastriens (voir ci-dessous p. 154) ne connaissent pas d'année bissextile, cette fête du Nouvel An se décale tous les quatre ans d'un jour vers le début de l'année par rapport au calendrier grégorien. Pour le distinguer de cette fête religieuse, le Nouvel An du printemps est également appelé « Nouvel An de Jamshid ». Les milieux influents de zoroastriens iraniens s'efforcent depuis longtemps d'imposer le Nouvel An iranien général, le 21 mars, comme unique début officiel de l'année, mais beaucoup de zoroastriens, sinon la plupart, continuent de célébrer la fête des morts et le nouvel an en été, comme c'est le cas en Inde. Là-bas et dans la plupart des autres pays, on célèbre cependant aussi le 1er janvier comme jour de l'an « laïc ».

En Inde, la fête du Nouvel An des zoroastriens consiste principalement à se vêtir de nouveaux vêtements, à aller dans un temple solennellement illuminé pour l'occasion, à rendre visite à des proches et à se réjouir d'un repas de fête. En Iran, on célèbre ce jour-là la naissance de Zarathoustra par des cérémonies publiques dans les temples. Il existe aussi quelques coutumes privées, qui ont évolué au cours du XXe siècle : certaines pratiques autrefois courantes dans les villages sont tombées en désuétude au profit de coutumes également répandues dans la majorité musulmane de la population. Mais étant donné que le Nouvel An iranien n'a lui-même aucun arrière-plan spécifiquement musulman, on peut supposer que d'anciennes traditions iraniennes se sont ainsi trouvées remises à l'honneur – par la petite porte, en quelque sorte. La plus connue d'entre elles consiste à disposer sur une nappe ou sur une table différents objets, en particulier ceux qui commencent par une lettre donnée de l'alphabet arabo-persan (voir fig. 8). Dans les arrangements en « S », on prendra ainsi sept choses dont le nom persan commence par la lettre *sîn* (d'où le nom de *haft sîn* donné à l'arrangement : « les sept *sîn* ») : par exemple, des graines de céréales germées, des semences de rue des jardins, de l'ail, du samanou (une pâte sucrée), des pommes, une pièce de monnaie et une horloge. On y place en général

*Fig. 8 : Table de Nouvel An (Yazd, Iran) avec, entre autres, un miroir, un vase à feu, un récipient à eau, des bougeoirs, des portraits de Zarathoustra, un cône de sucre vert, des graines germées, une grenade dans une coupelle, des rameaux de persistants dans des vases, un Avesta ouvert, des bâtonnets d'encens, du lait, un œuf, des sucreries, une carafe d'eau de rose. Photo : Jassem Ghazbanpour*

aussi un miroir, des bougies, un livre de l'Avesta (ou un Coran pour les musulmans, ou encore, pour les nationalistes, le *Divan* de Hafez ou le *Livre du roi* de Ferdowsi), un récipient contenant de l'eau de rose, différents plats et plusieurs sortes de pains, un bocal contenant des poissons rouges, et des œufs que l'on a peints au préalable. La table reste dressée pendant toute la durée des vacances de fin d'année, qui s'étendent sur trois semaines.

Le mardi soir précédant le Nouvel An, on allume des feux sur les toits, les places ou les jardins, et la coutume veut que chaque enfant saute par-dessus un de ces feux au moins une fois. Très répandue en Iran et très appréciée des enfants, cette coutume jouit désormais d'une grande popularité auprès de nombreux zoroastriens. Il y a quelques dizaines d'années encore, cependant, elle était considérée comme aussi peu zoroastrienne que musulmane, car même si elle a un rapport évident avec le feu (et donc, pourrait-on penser, avec le zoroastrisme), il ne viendrait jamais à l'esprit d'un pieux zoroastrien de la vieille école de sauter par-dessus le feu qu'il vénère.

## Les fêtes du calendrier

Dans les textes religieux anciens, la célébration des différentes fêtes de l'année est toujours mentionnée comme le premier devoir des zoroastriens. Les six fêtes en question s'appellent les *gāhānbār* : elles durent chacune cinq jours et sont réparties de manière inégale tout au long de l'année. Les textes rapportent différentes légendes à leur propos. Ces fêtes étaient autrefois chômées et il était considéré comme obligatoire de participer aux événements religieux ou sociaux qu'elles comprenaient. Lors de ces festivités, on fait le ménage dans la maison et on prépare certains plats, qui sont consacrés par les prêtres lors de cérémonies solennelles, parfois dans des bâtiments spécialement aménagés à cet effet, puis consommés ensemble. Pour de nombreuses personnes, ces fêtes étaient une occasion rare de manger de la viande. Le coût de ces repas est généralement supporté par des fondations religieuses pour le salut de l'âme des ancêtres (voir ci-dessus p. 110 *sq.*). Les *gāhānbār* sont encore célébrées aujourd'hui en Iran, tandis qu'en Inde, elles sont de plus en plus tombées en désuétude depuis la fin du XIXe siècle.

## Autres fêtes et structure du calendrier

Les zoroastriens célèbrent un certain nombre d'autres fêtes tout au long de l'année. L'Inde et l'Iran n'accordent toutefois pas la même importance aux mêmes fêtes : la fête de Mithra, par exemple, est traditionnellement l'un des principaux événements du calendrier des fêtes en Iran, alors qu'elle ne joue à peu près aucun rôle en Inde ; la fête des eaux ou de la divinité de l'eau, en revanche, est populaire chez les parsis en Inde, alors que les Iraniens ne lui associent aucune coutume particulière.

Dans l'ensemble, la culture festive est plus prononcée en Iran, où l'on célèbre davantage de fêtes par des coutumes spéciales, associées à certaines légendes. C'est le cas de la fête de Tir, au cours de laquelle les participants s'aspergent d'eau dans la chaleur de l'été, ce qui est censé commémorer l'heureuse fin d'une longue sécheresse dans un passé lointain. Cette fête est également associée à des arts divinatoires mineurs, et les jeunes filles revêtent pour l'occasion des rubans de soie aux couleurs de l'arc-en-ciel, qu'elles laissent flotter au vent, ce qui s'expliquerait par le lien de cette fête avec les divinités du vent et de la pluie.

Ces fêtes sont célébrées au moment de certaines coïncidences temporelles, qui résultent de la structure des calendriers zoroastriens courants. Ces calendriers solaires divisent une année (365 jours en tout) en douze mois de trente jours chacun, suivis des cinq « jours des Gâthâs ». Les mois et les jours portent le nom de dieux, divinités, éléments ou notions, mais l'ordre de ces attributions varie : le premier jour de chaque mois, par exemple, porte le nom du dieu Ahura Mazdâ, tandis que le premier mois de l'année est nommé d'après les *fravashis* (voir ci-dessus p. 64 *sq.* et

p. 148 *sq.*). Quoi qu'il en soit, un mois contient toujours un jour qui porte le même nom que le mois lui-même. Ces coïncidences sont généralement considérées comme des jours de fête : la fête de Mithra tombe par exemple le seizième jour du septième mois, tous deux nommés d'après Mithra (Mehr en persan moderne), et la fête de Tir, le treizième jour du quatrième mois (« jour de Tir » du « mois de Tir »). La plupart de ces fêtes ont été étendues à plusieurs jours au fil du temps.

Les calendriers des communautés zoroastriennes d'Inde et d'Iran ont exactement un mois d'écart. En raison de l'absence de jour intercalaire, l'année du calendrier zoroastrien se déplace dans l'année solaire, ce que plusieurs zoroastriens influents ont jugé problématique. Aussi un intellectuel indien a-t-il mis au point, au début du XX^e siècle, un calendrier qui insère un jour intercalaire tous les quatre ans et fixe la fête du Nouvel An à l'équinoxe de printemps (21 mars) ; les fêtes se trouvent ainsi liées de manière précise à des saisons particulières. Ce calendrier n'a pas réussi à s'imposer en Inde, mais en Iran, où il a été introduit plus tard, il est devenu la référence pour les zoroastriens.

À la même époque, en 1925, un nouveau calendrier civil est entré en vigueur en Iran : il ressemble au calendrier zoroastrien à bien des égards, mais n'est pas tout à fait conforme à celui-ci, car il fonctionne avec des mois de longueurs variables. Dans ce nouveau calendrier solaire, l'année est calculée depuis l'Hégire, conformément au modèle musulman, tandis que tous les calendriers zoroastriens ont pour point de départ l'année 631, date traditionnelle du couronnement de Yazdgerd, dernier souverain de la dernière dynastie préislamique des Sassanides. En 2021, nous sommes donc en l'an 1390 après Yazdgerd. Au XX^e siècle, un décompte des années dit « zoroastrien » a également été développé en Iran, selon lequel nous vivons actuellement (2021) en l'an 3759 après Zarathoustra. La boucle est ainsi bouclée et nous voici revenus aux différentes manières de construire les débuts historiques du zoroastrisme.

# Indications bibliographiques

Cette présentation de la religion de Zarathoustra s'appuie sur mon ouvrage en trois volumes intitulé *Die Religion Zarathushtras. Geschichte – Gegenwart – Rituale*, publié chez Kohlhammer de 2002 à 2004. On y trouvera une bibliographie détaillée des textes historiques et des études critiques. Le premier volume traite de l'histoire du zoroastrisme jusqu'à l'époque coloniale, le deuxième est consacré à son histoire plus récente et décrit la situation actuelle des communautés zoroastriennes en Inde, en Iran, au Pakistan, au Sri Lanka, en Asie, en Afrique, en Europe, en Amérique du Nord, en Nouvelle-Zélande et en Australie. Le troisième volume présente un aperçu systématique des rituels, des cérémonies, des fêtes et des installations rituelles. Il contient en outre deux CD-ROM comprenant plus de huit cents photos et plus de soixante-dix extraits de films.

La monumentale présentation d'ensemble de Mary Boyce, *A History of Zoroastrianism*, publiée chez Brill, n'est pas encore achevée. L'autrice a par ailleurs publié deux excellents ouvrages de synthèse historique : *Zoroastrians. Their Religious Beliefs and Practices* en 1979, et *Zoroastrianism.*

*Its Antiquity and Constant Vigour* en 1992. Le livre de Jenny Rose, *Zoroastrianism* (2010), constitue une bonne introduction historique. Helmut Humbach et Klaus Fais ont donné une nouvelle traduction allemande et anglaise des textes en vieil avestique dans leur livre *Zarathustra and his Antagonists* (2010).

L'ouvrage édité par Pheroza J. Godrej et Firoza Punthaky Mistree, *A Zoroastrian Tapestry. Art, Religion and Culture* (2001), est coûteux mais admirablement illustré et aborde de multiples aspects. Sur les parsis en Inde, voir Philip Kreyenbroek, *Living Zoroastrianism* (2001) et Rafael Walthert, *Reflexive Gemeinschaft. Religion, Tradition und Konflikt bei den Parsi Zoroastriern in Indien* (2010). Sur la diaspora dans le monde entier, voir John R. Hinnells, *The Zoroastrian Diaspora. Religion and Migration* (2005).

Une brève mais remarquable histoire de l'Iran préislamique est donnée par le livre de Josef Wiesehöfer, *Das frühe Persien. Geschichte eines antiken Weltreichs* dans la série « C. H. Beck Wissen » (cinquième édition, 2002).

À propos de la fascination exercée par la figure de Zarathoustra sur la pensée occidentale, on pourra se reporter à mon ouvrage en deux volumes intitulé *Faszination Zarathushtra. Zoroaster und die europäische Religionsgeschichte der Frühen Neuzeit* paru chez De Gruyter en 1998, ainsi qu'au livre de Jenny Rose, *The Image of Zoroaster. The Persian Mage through European Eyes* (2000). L'ouvrage de référence sur le zoroastrisme est *The Wiley Blackwell Companion to Zoroastrianism*, dirigé par Michael Stausberg et Yuhan Z.-D. Vevaina, avec la collaboration d'Anna Tessmann (2005).

## Compléments à l'occasion de la traduction française

Une traduction en français de l'Avesta réalisée par Pierre Lecoq et précédée d'une longue introduction a paru en 2016 aux éditions du Cerf : *Les Livres de l'Avesta. Textes sacrés des zoroastriens.*

Sur la structure de l'Avesta, l'utilisation rituelle des textes qui le composent ainsi que la manière dont ils nous ont été transmis, on pourra se reporter à l'ouvrage de Jean Kellens et Céline Redard : *Introduction à l'Avesta. Le récitatif liturgique sacré des zoroastriens* paru en coédition Les Belles Lettres / Collège de France dans la collection « Docet omnia » (2020).

# INDEX

## TABLE DES MATIÈRES